갈고등어 기행

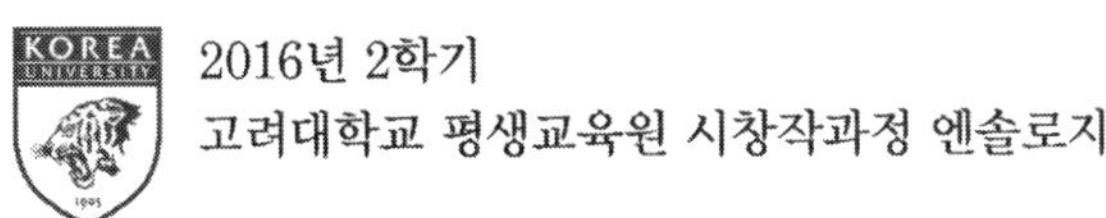

갈고등어 기행

한성춘 외

문학공원

서시

시는 하나의 은행이다
모든 은행 중에서도 가장 안전하고
파산하지 않는 은행이다
시에 투자하는 것은
나를 가장 나답게 하는 투자다
시를 통해 부자가 되려 하지 말자
시와 함께 있는 것만으로도 나는 이미 부자다
시는 동행이지 목적이 될 수 없으며
함께 할 때 삶은 더욱 즐거워진다
시는 확실한 고향이다
아무 때나 갈 수 있는 고향이다
시는 언제나 여름이다
시를 챙겨주는 마음으로 나는 자라난다
시는 만나기만 해도
나는 어느새 푸르러진다

2017년 2월 15일

지도교수 김 순 진

CONTENTS

초대시(지도교수)

1부. 평행으로 걷다

2부. 물병에 심은 나무

3부. 프리지아 사랑

4부. 울타리 문법

초•대•시

김 순 진 (지도교수)

삶은 계란 외 2편

김 순 진

삶은 계란이다
누군가 낳아주어야 한다
줄탁동시로 안에서도 껍질을 깨고 나오지만 밖에서도 깨주면 좋다
태어나면 데리고 다니며 먹여주고 길러줘야 한다

뜨거운 맛을 보아야 익는다
껍질이 벗겨지는 아픔을 견뎌야 한다
사노라면 가끔 목이 메이는 일이 생긴다
보통 사람들은 흰자위처럼 보드라운 걸 좋아하지만
실은 뻑뻑한 채 잘 넘어가지 않는
그래서 기름을 칠해야 넘어가는 삶일수록 의미가 있다

스스로를 뜨겁게 삶아놓으면 다른 사람의 목숨도 살릴 수 있고
스스로 삶아보지 않고 윈도우 밖에서 바라보고 있으면
계란은 내 차지가 될 수 없다
잘 삶아지는 남의 계란을 들여다보며 부러워하지 말고
내 삶이 푹푹 삶아지도록 견디고 기다려야 한다

병아리를 부화시키는 일이나
닭을 기르는 일은 몇몇 사람이 하면 된다

우리는 그냥 계란을 삶아 가족이나 이웃과 나누며
소풍 같은 삶을 살아야 한다
밤기차를 타고 삶은 계란을 먹으며
다른 세상을 꿈꿔야 한다

뺑치고 싶은 날

비 오는 날이다
무얼 먹을까 망설이다 국수를 삶는다
똥도 안 발린 굵은 멸치를 한 줌 넣는다
비린내가 손바닥에 묻어나 나는 어느새 고향 냇가를 거닌다
양파 쓱쓱 썰어 넣고 고춧가루 한 술 넣고 왜간장을 들어붓는다
조선무 두 쪽을 큼지막하게 썰고 청량고추 세 개를 어슷하게 썰어넣는다
차츰 멸치국물이 끓어 우러나며 비 맞은 들어온 날 추위와 허기를 지운다
국물을 한 수저 떠먹어본다
양파와 조선무에서 우러난 들쩍지근한 맛이 청량고추와 만나 칼칼하다

어릴 적 호밀을 많이 심어 국수를 수 십 박스 눌러다 방구석에 쌓아놓고
아버지는 화투꾼을 불러다 먹기내기 뺑을 치셨다
땔감이 마땅치 않던 시절 어머니는 젖은 짚을 때며 눈물콧물로
신김치를 썰어넣은 국수털래기를 끓어내셨고 국수 값은 언제나 외상이었다

내 땅 한 평 없이 살던 그 시절
결국 봄이 되어서야 품으로 국수 값을 받았지만
어머니에게 그런 국수 값은 받으나마다 한 돈이었다

이런 날이면 일이고 뭐고 다 집어치우고
피라미 한 대접 잡아다가 국수 한 줌 넣어 털래기 끓여 먹으며
먹기내기 뺑이나 한 판 치고 싶다

풀 뽑는 여자

아내가 주차장의 보도블록 사이로 난 풀을 뽑고 있다
어디서 저런 무시무시한 힘이 나오는 것일까
풀처럼 여린 여자가
풀뿌리에 매달린 지구를 들어 올리고 있다
들릴 듯 들릴 듯한 지구는 들리지 않고
지구의 부스러기만 딸려 올라온다
한쪽에서는 지진이 나고
한쪽에서는 화산이 폭발하고
요동치는 지구를 두 발로 밟고 앉아
태양의 기를 받은 여자가 땀을 흘리고 있다
그녀는 지금 휴화산
그녀에게도 두 번의 화산분출이 있었다
그때마다 두 가슴에는 용암이 흘렀고
세상을 덮을만한 용기도 있었다
한때 날마다 마그마를 분출하며
한 집안의 판을 이동시켰던 여자

여전히 신비의 동굴을 가진 여자가
굳은 바위처럼 앉아 지구를 들썩이고 있다

1부.
평행으로 걷다

태백산 시첩 외 2편

곽 구 비

나라에 먹구름을 피해 모두 이곳으로 왔을까
어깨에 얹힌 근심 설산에 부리는 수만 명 인파들

오염된 도시를 대충 덮고 구정 지나면 평화롭기를
문수봉 꼭대기에서 빌고 있었네

도와 의가 구분 없어진 안타까운 세상 주목나무가
여전히 죽은 척 눈을 감고 서있는 듯했고

층층나무에 잠깐의 햇빛이 세들더니 금세 사라지고
값을 톡톡히 치르고 찬란히 마주한 상고대였지

더욱 맹렬하던 정상 칼바람의 위용에 수그러든 마음
기어이 오르고 올라 점찍고 붙잡은 정신줄

척척 아이젠으로 다진 땅 차고 올라오는 새로운 희망
태백의 기백을 가슴으로 심어왔네

동백꽃 속내

겨울 추위에 꽃들이 영업을
접은 기색이 보이자 동백이
입술을 도드라지게 칠한다

얼핏 경건한 형태로 무궁화를 닮았으니
붉어도 야하다 하지 않고
괜스레 지분거린다고도 하지 않아

벌들은 계절마다 왕성한 번식으로
정숙한 동백 구경은 영 안해도 되는지
한 놈도 얼씬거리지 않았고

꽃술로 장식한 씨방은 홀로 적적했는지
가끔 날리는 눈발에게 교태를 부리느라
툭 하며 떨어지는 날 더러 있긴 했어

고드름처럼

마냥 흐르는 걸 잠시 멈추고 싶은 날 있지
그리 깊은 생각 같은 건 흘려버려도 좋아
한 가지 쯤으로 중심을 붙잡아도 끄떡없어

햇빛만 닿아도 금세 사그라질 운명
견딜 만큼만 있어도 만족해
가끔 거꾸로 매달려 생각을 뒤집고 싶었어

추위가 햇빛을 탐내면 이 경우엔
수증기로 증발된다는 경고도 있었어
망연히 흐르다 괜히 역정이 나겠지

추녀 끝이 버거워 못 견디겠으면 확
누그러뜨리면 무너지기 쉬워져
그냥 거꾸로 매달려 서있고 싶었어

우리 아파트 입주자 대표 외 2편

한 성 춘

벽면을 마주보고 주민들의 웃음꽃이 핀다

그는 아침저녁 아파트를 오르내리는 주민들에게 인사를 한다
집집마다의 가정사를 꿰뚫고 경조사를 직접 챙긴다
그는 우리 아파트 입주자들에게 신임 받는 입주자 대표다
나보다 나를 더 잘 아는 그가 나를 파고 든다
그는 나의 머릿속에 담긴 속마음을 꺼내 담는다
그가 만나는 모든 사람들 생각까지 스캔하여 저장한다
그는 우리들의 안팎 실상과 허상을 속속들이 붙잡고 있다
오늘은 우리 아파트 관리처분계획의 동의를 위한 임시총회가 있는 날

엘리베이터 벽면거울, 그가 보관한 사진 파일로
회의를 주재한다

무궁화 꽃이 피었습니다

<작전명> 무궁화 꽃이 피었습니다

● 우리본부 2010년 하반기 전략 및 목표 (전략) 차별화 전략 (목표) 성과평가 A등급 ● 우리지점 2010년 하반기 목표 성과평가 A등급 ● A양의 2010년 하반기 목표 정규직 전환

여름이 피고
알몸의 수류탄들이 터집니다

K은행 T영업본부의 2010년 하반기는
<작전명> 무궁화 꽃이 피었습니다와 함께 시작되었습니다

본부장은 본부목표를 세우고
지점장은 지점목표 달성계획을 짤 때

A양은 A양의 2010년 하반기 목표를
빛바랜 비망록 맨 위에 또 적습니다

지금 나의 목표는 내 몸에서 무궁화가 피는 것
무궁히 피어날 시꽃을 위하여 오늘도 시를 씁니다

시(詩)[1]

내가 그의 이름을 불러주기 전에는
그는 다만
남들이 씹고 버린 껌 같은 유행가 가사에
지나지 않았다

내가 그의 이름을 불렀을 때
그는 나에게로 와서
시가 되었다

내가 그의 이름을 불러 준 것처럼
누가 와서 나의
추상적이고 관념적인 표현을 지워다오
상투적이고 탄력 없는 표현을 지워다오
그에게로 가서 나도
그의 시가 되고 싶다

우리들은 모두
감각적 정서적으로 표현된 시가 되고 싶다

---

1) 김춘수 시인의 시 「꽃」을 패러디함.

너는 나에게 나는 너에게

외간 여자처럼 들어있고
꽈배기 장사가 들어있고
숨바꼭질하는 아이와
주모 품에 숨은 남자가 들어있어서
영원히 그리운 첫사랑과
떠나간 여자의 잊혀지지 않는 치맛자락이 되고 싶다

오래된 생각 외 2편

배 은 숙

외롭지 않은 그녀가 걸어가네
노을에 기대어 걸어가네
외롭지 않으려고
자꾸만 잃어버려지는 것들을
잃어버리지 않으려고 걸어가네

허기진 말들이 모여 귀를 세우면
팔랑거리는 나뭇잎이었다가
소라껍데기였다가 썰물처럼 빠져나가네
그녀의 손등은 주름졌네
식은 죽은 따뜻하게 데워 먹어야지

석양은 그녀를 점령하지 못하네
방향을 한 곳으로 정하고 북을 치면
하늘빛에 그을린 그녀의 얼굴이 거룩하게 돌아올까

그녀의 손등은 주름졌네
푸른 혈관은 보이질 않네

식탁 위에서 마주한 국화꽃 한 송이
심장을 가로질러 애도하네

애인과 함께 잠들기

머물 수 없는 계절을 두고 나는 숲으로 달려간다 계절을 붙잡아 보려고 나무의 자세를 살핀다
우수에 찬 가을밤은 짧다 어디서든 달과 함께 거닐 때면 너의 입술과 표정을 생생하게 재현해 그릴 수 있어야 한다
나는 객기를 부리지 않는다 호객 행위도 하지 않을 테니 아주 멀리 가지는 말아 다오 낙엽을 물고
깊은 골짜기로 들어가 남몰래 나이테를 새기지 말아 다오
꿈에서 너를 만났을 때 한 번도 본 적 없는 풍경처럼
우리가 나누었던 사소한 말들이 묶여서 솜털로 날아가지 않기를…

꿈속의 애인은 호수를 모른다 빙하의 얼음굴을 모른다
예수의 매음굴로 들어간 나의 간절한 기도를 모른다 밤이면
고원을 넘어 벌판을 떠돌던 사무치는 것들에 대책없이
벽을 쌓아도 긴긴 밤을 혼자 견뎌야만 한다
발길이 가닿는 그곳이 강가였다면
겨울새에게 강물이 언제쯤 얼어붙겠느냐고 물을 것이다
꿈길은 가을이 깊어져 불어온 바람이 나의 정수리쯤에서 슬그머니 자취를 감춘다

나는 눈멀고 귀멀어 겨울새가 된다 강가에 홀로 앉아 울다
지치면 접힌 날개를 펴겠지
날개 한 켠에 큰 활자로 찍힌 애인의 이름을 봉인해 두리니
이듬해 활화산 같은 가슴으로 돌아와 다오
능금 같은 사랑을 너와 함께 나누리라

갈고등어 기행

한 계절을 보내며 신열을 앓다가 주섬주섬 옷을 챙겨입고 터미날로 향한다 무작정 떠나 도착해보니 고향 포구엔 비가 내렸다 한 입 울음을 물고 떠나온 내게 바다는 겹겹 파도를 오려 상처에 붙여준다

안개가 자욱한 바다는 포근하다 걸어서 가본 방파제 선착장에서는 갈고등어 작업이 한창이다 나는 옛집 부엌으로 들어선다 시뻘건 장작이 타고 아궁이 한 켠에선

방금 건져 올린 등 푸른 고등어 몇 마리, 어머니 손등 같은 굵은 소금 한 줌이 연신 뿌려지면 갈고등어는 주인님의 밥상을 위해 자진한다 뱃속 터지는 소리 숯불 위에서 지글지글 타고 목덜미와 등짝의 푸른 동맥이 눈망울로 붉어질 때

이제야 알겠다 그 울음의 의미를… 짠물에 절어 입안에 퍼지는 그 짭짤 고소한 맛, 이 계절에 가장 훌륭한 밥상을 스스럼없이 내어줄 너를 생각하며 나는 지금 서성인다

가을 소슬한 바람의 맛과 어우러진 너의 만찬을 기대하면서

그냥이라는 말의 무게 외 2편

김 진 택

나는 똑똑합니다
매사에 합리적이기도 합니다
옳고 그름을 분별하는 현명함도 가졌습니다
어디서건 능력 있다는 말도 듣습니다
하려는 일에는 열정과 추진력도 있습니다
어떤 자리에서건 당당하고 소신껏 할 말은 합니다
내가 걸어온 길을 뒤돌아보아도 잘 살았습니다
남부럽지 않게 명예도 얻고 돈도 벌었습니다
게다가 제길 잘 가는 아들딸을 보면 기분이 참 좋습니다

그런데 아침을 먹다가
누구를 만날까 생각하니 만날 사람이 없습니다
아는 사람은 너무나 많지만
막상 만날 사람은 단 한 사람도 없습니다
그냥이라는 나는
결코 그냥 얻어지는 것이 아님을 오늘에야 깨달았습니다.
통화 버튼을 누르는 것조차 용기가 필요한 줄 처음 알았습니다.
온종일 곱씹고 되뇌어도 참 어렵습니다

그냥… 그냥…

첫눈 오는 날

그 사람이 좋아하는 안개꽃을 샀습니다
전할 방법도 없는데 어쩌자는 것인지
그 사람인양 옆구리에 끼고서 한참을 걸었습니다
두물머리 카페에서 그 사람처럼 따듯한 커피를 마십니다
강변 나루를 바라보니 묶여있는 배가 나와 같습니다
깜박 잊기라도 한 것처럼 도망쳤지만
안개꽃이 하늘에 올랐는지 눈이 되어 나립니다
그 사람이 지배하는 하얀 세상을 벗어날 수가 없습니다
그래도 참 다행입니다
그 사람 같은 첫 눈이 내 품에 내려서

주홍글씨

아침 해는 떠오르며
동살을 채질하고
윤슬은 바느질하는 아낙처럼
아이들의 옷을 짓는다

그 틈에도 햇살은
곁눈질로 간단히 나를 가두고
새 옷을 빼 입은 녀석들은
수면 위를 깡충거리다 사라져버렸다

잔바람도 없는 겨울 바다에서
윤슬마저 고요로 오수를 즐기는데
까닭 없이 일렁인 가슴의 파동은
죽어간 사랑의 비문을 씻는다

오래된 나무의자 하나 외 2편

김 석 중

도봉산 숲으로 가는 길섶
누군가 갖다 놓은 오래된 나무의자 하나가
정오의 가을 햇살에 기대어 쉬고 있다
흘려보낸 세월만큼 푸르름은 퇴색되어
거친 얼굴과 삐걱거리는 다리의 관절들이 슬프다
흙의 자식으로 태어나 흙으로 돌아가야 하는 거룩한 숙명
마주한다는 것은 차라리 눈을 감고 침묵하는 것이다
풀잎을 오고가는 바람들은 말이 없고
이따금 허공으로 날아가는 새들의 흔적 없는 자취는
고요와 적막을 더해간다
오늘이 지나며 대지를 어둠의 그림자로 물들이면
숲속의 나무의자는 어떻게 할까
아니 어쩌면 그 위로 쏟아지는 사랑과 소망스런 별들의 속삭임과
풀벌레의 울음소리들이 빈 가슴에 차곡차곡 쌓여
오히려 밤은 낮보다 더 외롭지 않으리

나는 인생 숲으로 가는 길목의
오래된 나무의자 하나
아직도 가족들은 나의 등이 필요하다

을왕리 바닷가에서

텅 빈 바닷가
비가 가을의 건반을 한꺼번에 누르고 있다
진중하고도 무거운 소리가 이명처럼 들린다
우산 속의 두 연인이 멀리 걸어가고
나는 눈으로 그들을 따라가고 있다
한때 나와 마주하던 시간을 끄집어낸다
부러진 파라솔과 부서진 플라스틱 의자
저 아래 피어오르던 낭만은 이제 없다
나만 홀로 남겨두고 무심히 떠나간 듯한 느낌
젊었던 나는 어디로 간 것일까
질주하는 시간의 기차는 지난 날 또렷했던 나의 기억을 잠식한다
혼자 걷자니 부서진 조개껍데기들이 밟힌다
몇 개 주워 바라보다가 흩어진 거친 기억의 조각들을 어렵게
한 땀 한 땀 기워가며 무너진 모래성을 바느질한다
나와 함께 모래성을 쌓던 사람들은 어디로 간 것일까
아이스크림 막대를 사이에 두고 쌓았던 모래성을 허물던 사람들
이제 우리는 지나가는 바람에게조차 안부를 물어야 하리
어둠은 오늘 하루도 아무 일 없다는 듯
살포시 내려앉는데

꽃기린

베란다에서 꽃을 정리하다가
가시투성이에 작은 꽃기린 꽃을 만져본다

눈 감으면 떠오르는 그녀
언젠가 수녀의 길로 들어섰다고 바람은 말했다
성당의 종소리 울리던 날 저녁
초록 편지지 한 장 접어 손에 건네주고
말없이 걸어간 그녀
그녀가 영영 가는 줄도 모르는 체
나는 바보같이 한 동안 서 있었다
맑은 눈동자 단발머리 흰 카라
십 수 년이 지난 지금도 그 모습이 또렷하다

십자가를 지고 고난 길을 떠난 그녀가
그저 아프지 말고 살아가길 바랄 뿐
나는 여전히 꽃다운 그녀에게
목을 뺀 기린이다

자전거를 타면 외 2편

한 상 현

그리움이
까맣게 녹아내리는 저녁
휘청거리는 시간이
직선 길과 곡선의 비포장 갈림길에서
무언극의 음표를 찍고 있다
황진이 궁뎅이 같은 달은
바람에 깎여 초승달이 되어버렸다
그 달 속에 하늘타리 수박이
자전과 공전 노선으로 환승을 기다리고 있다

슬픈 여우고개 처녀 귀신
밤안개를 찢고 바퀴 위에 앉아
첫사랑 첫 키스를 기다리고 있다
동녘이 움터 와도 오지 않는
끝내지 못 한 이야기를 쓰고 있었다
빈 바퀴만 흑흑흑 돌아가고 있다

루비콘 강가에 서서

쉰 목탁 헐떡이는
첫 일몰 직전 그림자 속에서
창백한 기러기 떼 나침판을 잃어버렸다
루비콘 강가에 선 새파란 꽃봉우리
변명가를 부를 것인가
하야가를 부를 것인가

공황장애 걸린 바람은
제 속을 한 번도 들여다보지 못했다
이마에 달라붙은 눈은
가슴이 우는 소리를 한 번도 보지 못했다
발목에 내려앉은 귀는
심장이 뛰는 이유를 한 번도 생각해보지 못했다
굿거리장단에 절망이 꽃을 피워도
변주의 회심곡은 어둠을 빗질하고
백만 개의 물음표가 느낌표에게 의문표를 던지고 있다

가을을 삼켜버린 배짱이
이젠 봄까지 입맛 다시고 있다
욕망은 공개처형 당했는데

너의 몸살은 아직도 눈을 감고 있구나
설마설마 산내들에
하얀 목련 다시 필 수 있을까

아를 식물원

생각을 지워도
향기는 지워지지 않는다
아련한 향수가 녹아내리는
그리움과 그리움 사이 식물 나라
묻어둔 이야기를 화폭에 그려본다

겸손한 오후의 생각을 붙들고
까치집 창가 맛있게 읽어주는 허브의 속삭임
찻잔 속 주름진 내가 웃고 있다
한 마리 나비가 되고 싶었던
저 허공 어딘가의 그리움 하나
시계꽃 같은 그녀의 미소가 정겹다

슬픔도 한 모금 기쁨도 한 모금
맛과 인연으로 음미하는 오레가노
아물지 않는 상처가 무장해제 당하고 있다
사람이 그리울 땐 하우스 카페로 간다

가을의 미련 외 2편

이 혜 수

그 시절은 꿈이었나
무성히 자라 온몸을 쑤셔대고 부러질 듯 휘청거려도
재롱떨고 살랑대며 웃어주던
그때가 좋았었지
어느새 품을 떠나 제 갈 길 간다는데
모든 걸 상실한 체 떨고 있는 너울 속 소리 없는 통곡
조금만 더 있다 가라
마지막 끈 놓치지 않으려다
결국 손을 놓았네
찬비는 어서 가자 재촉하는데
험한 세상 감당할 수 있을까
주어도 주어도 모자란 게 사랑이지
푸르렀던 날들의 웃음소리들
앙상한 뼈마디 마디 바람이 불고
오랜 그리움이 시작되겠지만
봄이 오면 다시 찾아올 거라고 말하네
괜찮다고…
함박눈 소리 없이 와 솜 옷 한 벌 걸쳐주고 가네

평행으로 걷다

잿빛 구름 사이로 선의 질주인가
바람이 베어버린 수만 개의 선들이 쪼개져 분산되고
비행의 무리, 선은 한 치의 오차가 없이 점선을 가른다
일정하지 않는 부딪힘의 파장이 노을을 물고 해안선으로 들어간다
안식이 들락거리는 지름 반경의 원이 곡선을 만들 때
반항하는 탈선은 중심을 잃고 심하게 출렁인다
혼선을 풀고 있는 굽어진 등에서
황금빛 지평선을 지고 가는 붉은 낙타를 본다
가끔씩 목적지를 향한 달콤한 유령선이 유혹해 흔들어대도
가쁜 호흡을 고를 뿐 흔들림이 없다
선들은 공백을 보이지 않았고
타협은 피할 수 없는 마지노선이던가
선의 정체성을 찾아 헤맨 지가 언제부터일까
얼마큼 더 걸어야 안정선에 도착할까
돌아다보는 뒤안길에 곧게 뻗은 평행선이 웃고 있다
그래 여전히 우리는 평행선을 달리고 있었구나
천천히 그렇게 걸어왔구나

창문의 세상

바퀴가 정지선을 반쯤 걸쳐놓고 태연하게 신호를 재촉하고 있다
한 손을 높이 들고 건너는 아이의
종종걸음은 어디로 급하게 달려가는 걸까
바람이 갈라지는 비명소리인가
미끄러지는 탄력의 외마디 악을 쓰며 도로는 열을 내고 있다
매일 같이 반복되는 분주한 세상을
수평으로 각도를 맞추어본다
다리를 잃어버린 체 춤을 추고 있는 잎들
허공을 채우려는 듯 솟아있는 빌딩들의 도도함
숨 가쁘게 뛰는 밑의 세상을 비웃는 것일까
머무르지 않고 지나는 바람 탓일까
잎들의 술렁임이 이방인처럼 주절댄다
무심히 올려다보는 하늘은 푸르고 고요하다
뭘 그리 요란을 떨면서 앞만 보고 사느냐는 듯
어지러운 도시를 묵묵히 바라보고 있다
한 평의 직각에서 투영되어 보이는 세상은 늘 변함이 없다
시각의 분리된 공간의 나눠지는 풍경
오늘도 다르지 않다는 것을 알고 있었던 걸까

창문을 닫으려니 참새 한 마리 날아와 고개를 갸우뚱거린다

마음카페, 바라밀 2) 외 2편

김 정 보

조계사로 난 돌길이 식은땀을 흘리고 있다
으스름이 가랑비와 함께 안국동 네거리로 접어들고 부터다
덮칠 듯 스쳐가는 강렬한 자동차 시선마다 놀라다
가로등의 은근한 눈길조차 두려워지나보다
매일 수많은 스님들과 보살님들을 온몸으로 모시면서도
어쩌다가 그분들의 수행은 배우지 못했을까
마음자리가 흔들리면 번뇌에 휘둘릴 수밖에 없는데
작은 것 하나하나에 마음을 빼앗기고 있다

창가 자리 두 보살님 가슴깊이 식은땀을 흘린다
취직 못한 아들, 결혼 못한 아들
걱정이 깊어가 식어가는 커피에는 관심도 없다
받아들이지 못하거나 너무 깊이 받아들이거나 번뇌는
모두 마음자리가 흔들리기 때문이다
성인의 길로 가던 보살님도 자식에게만은 발목이 잡힌다
정성을 다해 쌓아오던 열반의 공덕도 소용이 없다
자식을 바라보면 마음이 흔들린다

---

2) 바라밀 : 피안의 경지에 이르고자 하는 보살수행

아들이 며느리가 일하게 될 근무처가 있는 수원 광교로 이사를 한다
여의도까지 출퇴근해야 한다는 생각에 가슴이 아리기만 한데
아들은 얼굴이 환하다, 이렇게 어른이 되어간다
아들이 결혼하기 전부터 떠나보내는 연습을 하고 있으면서도
이런 멀어짐에 익숙해지는 것은 정말 어렵다
당연하다고 모두 받아들이기 쉬운 것이 아니다
평생 해야 할 연습이 될 것 같은 예감 때문인가
따뜻한 커피 잔을 잡은 두 손에 식은땀이 난다

모닝커피

매일 아침 소소한 기적을 만난다
자메이카의 하늘이 열리고
카리브해를 품은 산바람 향기가 퍼지면
뜨거운 생명수를 만나 시작되는 신비한 향연, 그건
1%의 블루 마운틴이 만드는 노블레스 오블리제의 기적
우리네 공동체와 같다
골고루 잘 섞여야 제맛이다

언제였든가 지하다방에서 신기루를 쫓던 때가
샛노란 해가 빠져 뜨거워진 커피 잔을 들면
도시남자가 되고 멋진 신사가 된 듯한 기분 좋은 착각에
아침이 즐거웠던 그 시절,
도라지 위스키 한 잔울 더 하면 이 세상은 천국이었다
새빨간 마담 입술의 교태가 부른 쌍화차는 숭고한 기부였고
그러나 이제는 모든 게 아련한 향수일 뿐, 그 때의 젊음처럼

토요일 아침에는 맥도날드에서 마법에 걸린다
맥모닝 세트와 그저 그렇고 그런 대화가 만나
아내의 춤추는 손가락 끝에서 나비 떼가 날아오를 때쯤
종이컵에 갇힌 건조한 아라비카 산바람이 만나는 기적, 그건

아라비카 마운틴이 블루 마운틴[3]으로 변하는 화려한 마술
목 넘김의 순간이 특이점이 되는 것이다
현실세계가 가상현실이 된다, 가상현실이 현실세계가 된다

3) 블루마운틴 커피백 : 포장지는 블루칼라(하늘색)이고 자메이카 블루마운틴은 1%뿐임.

봉인된 기억

– 천상병 시인의 「귀천」 시비 앞에서

그때는 반성문을 많이 썼다
수백 명이 강당에서 등사기로 찍어내듯
혹은 홀로 침침한 방에서 보여주기 위한 일기처럼
강당에서의 기억은 무용담이 되지만
침침한 방에서의 기억은 부끄러운 상처가 되어
가슴 속 가장 밑바닥에 통조림이 되어 남는다
가끔 우습고도 서글픈 어릿광대 놀음을 본다
짐짓 결기어린 표정으로 분장한 광대들이
굴절된 무용담을 완장삼아 민주투사로 둔갑한다
국회의원이나 장관이 되기도 한다
알 수 있는 사람들은 다 안다
반성문 없는 훈방이나 감형은 없다는 것을
드물지만 끝까지 반성문을 쓰지 않은 사람도 있다
그들은 대부분 심한 후유증에 시달리게 된다
후유증은 한이 되고 그 한은 또 다른 후유증을 남긴다
한을 그대로 품고 어른으로 남은 사람은
상처가 덧나 눈을 뜬 채 쓰러진다
자기만의 방법으로 한을 극복하고 어린아이처럼 남은 사람은
상처는 덧나지만 눈은 감고 쓰러진다
상처는 덧났지만 부처의 마음으로 세상을 본 귀인이 있다

이 세상을 가지고 놀았던 사람,
어린아이 같이 웃을 줄 아는 바보가 그다
우연히 그를 추모하는 자리에 서 있으니
'이 세상 소풍을 끝내는 날',
그와 같이 '가서, 아름다웠더라'[4]고 말하고 싶다는 생각이 문득
든다
그러다 코끝을 스치는 찬 산바람에 화들짝 놀란다
나는 바보가 아니다, 앞으로도 바보가 될 수도 없다
이 세상이 아름답다고 생각하지도 않는다
통조림이 된 기억이 봉인을 풀려고 한다

---

4) ' '는 천상병 시인의 시 「귀천」 중에서 빌려옴.

2부.
물병에 심은 나무

막차를 놓치다 외 2편

김 무 늬

막차를 놓치고 발을 동동 구른다
다른 날 같으면 이미 집에서 여유를 즐기고 있을 시간이다
얼마나 그립고 행복한 시간인지 꼭 그 시간을 떠나서야 알 수 있다
내 집이란 공간을 찾아가기 위해 나의 눈빛과 마음은 오로지
집에만 가 있단 걸 막차를 놓쳤을 때만이 간절해진다
몇 번을 지나치는 버스 기사를 붙잡고 집으로 가는 방향에 노선을 묻고 또 묻는다
아니 조금이라도 집에 가까이 갈수 있는 노선은 죄다 물어
운임을 아껴보는 것이다
할증이 붙는 야간의 시간에 단 얼마라도 아껴보고 싶은 이 간절함
결국은 얼마라도 아낄 수 있다면 성공한 셈 인 것이다
막차를 놓쳐버린 뒤의 교통비는 이미 버스비 천삼백 원은 기억속에서 사라진다
이만 원 정도의 택시비는 어쩌면 버스비 천삼백 원과 비례하는 것이다
그러나 이만 원이란 돈은 결코 적은 돈이 아니기에
할증시간의 택시비를 줄여볼 생각에 혈안이 되어 있다
집 가까이 가는 버스를 붙잡고 걸리는 시간은 그리 중요한 게 아니지
택시비를 줄일 수 만 있다면 조금은 돌아가도 좋다

결국은 심야 택시를 타고 팔천 원을 냈다

오늘의 택시비 팔천 원은 버스비 천삼백 원과 맞먹는 무게였음을…

무싹이 피었습니다

몇 날 동안 손이 쉬 가질 않아 무심히 버려둔 무,
어느 날 푸른 촉수를 내밀더니
이내 무성한 이파리를 피워내고 있다
몸뚱어리의 탱탱함은 이내 사라지고 탄력을 잃어가고 있다
계산된 생명이 아니었다는 나의 변명으로 민퉁을 잘라버렸다
푸른빛을 잃지 않으며 생명을 꾸역꾸역 밀어내는 무이파리를 보며
순간, 섬찟한 기분은 무얼까,
저도 살아보겠다고 저 깊은 동굴 속에서 생명을 밀어내 푸른 얼굴 내밀었건만
한동안의 나의 무지를 지우기 위해 일말의 여지도 없이 무의 모가지를 쳐냈다
한쪽 모퉁이를 냉장고에 놔두는데 하루가 다르게 푸른 잎 피워내는 저 힘이라니!
저 희멀건 무에서 저런 독한 푸른 잎이 나오다니
무는 어쩌면 순수를 포장한 채 작은 우주하나 쯤 가지고 있는지 모른다
밍밍한 맛으로 자신을 위장 한 채 어느 별 하나 쯤 몽땅거리며 살아가고 있는지 모른다
사람들이 쉬이, 보는 순간
저리도 푸른 생명체 피워내어 질겁을 시키는 건지도,

항복 혹은, 행복

성탄절을 맞이하여 여러 지인들에게 안부인사 드린다
즐거운 성탄절 항복하세요?
아차, 항복이라니… 오타다
행복하시라는 인사를 보낸다는 게 모음 ㅣ자가 빠졌다
민망하여 얼른 죄송하다며 오타를 수정하여 다시 전송을 했다
ㅣ모음 차이가 얼마나 큰 지 정신이 바짝 났다
내 강물 속에 흐르는 언어는 지극히 따뜻했지만
다시 몇 개의 강을 건너는 나의 언어는 살벌한 협박성 멘트가 돼 버렸다
항복하란다, 그는 내게 두 팔을 들고 투항을 해야 한다
그것도 부탁성 발언 행복하세요가 아닌 항복하세요
무엇을 잘못한 것일까
그 너머 누군가는 곰곰이 자신의 일상의 발자취를 느닷없이 떠올릴 것이다
그러다가 나의 오타였음을 알고 난 후 잠깐이지만 안도의 숨을 쉴 것이다
그리고는 항복을 행복으로 고쳐 읽을 것이다
시간을 돌려 거울 속에 나를 비춰본다
항복과 행복의 차이가 번갈아 비춰진다

편지 외 2편

이 희 야

한 장의 달력이 가볍게 벽을 짚으면
당신과의 첫 만남이 그려집니다

우리 서로 만난 날을 기억하나요
노트의 첫 장을 펼쳐보 듯 마주한 얼굴
찻잔이 분위기를 마시며 눈빛을 잡아주었지요
찻잔을 들 때마다 한 모금씩 당신을 알아갔어요
시선을 끌어당기며 찻잔을 비웠지요
사랑의 화살을 누가 먼저 맞았을까요
콧날 세운 드높은 콧대는 누가 먼저 꺾였을까요
언덕을 오르내리는 시곗바늘은 누가 멈추었나요
정지된 시간 속으로 당신이 걸어왔어요
언젠가 보았던 그곳에 당신이 있었지요
손을 내밀어도 당신은 잠잠한 바다였어요
버스표를 받아든 순간, 내 손을 잡아주었지요
정지된 화면이 한 컷의 영상을 만들었어요
꿈결처럼 혼미한 느낌이 주위를 감돌았지요
당신과 난 이미 오래전에 만났던 연인인가 봐요
차창에 비친 얼굴을 꼬집으며 빙그레 웃었지요

빨간 우체통의 편지를 주고받는다
당신은 길을 써 내려가는 인생의 빛
난, 그 길을 동행하는 긴 그림자

물병에 심은 나무

틈실한 고구마 한 개를 물병에 심는다
사춘기를 달리던 아들이 고삐를 놓쳤을 때
무심코 던진 말이 가끔씩 줄기처럼 자란다
"부모로서 모범을 보이세요"
심장을 찌르는 말에, 술잔에 눈물을 따라 마신다
고개를 떨구고 한 올 한 올 내리는 실가닥처럼
엄마의 자리를 가다듬어 보았다
아들은 엄마의 그림을 그리게 해준 멘토다
고구마 등에서 새순이 돋는다
엄마 등에 업혀서 잠든 아이 손이다
어부바하면 엉금엉금 기어서 등에 업혔지
담쟁이 어린 손을 등에 짚고 잠이 들었지
병아리 입을 쫑긋대며 꿈속 나비를 쫓아 벙글거렸지
줄기는 흠뻑 물을 마시고 만세를 부른다
손을 잡고 아장아장 걸으며 만세를 부르는 아이처럼
그럴 때면 박수 소리에 웃음 줄기가 방안을 휘감았지
무성하게 잎이 꿈처럼 자라는 그때였지

아이가 어렸을 때 심어준 그 나무는
아직도 창공을 향하여 자란다

가슴을 활짝 열어 놓은 엄마의 창가에서

소나무

너와의 추억을 더듬어 오솔길을 걸었지
늘 마음속에 자리한 너의 모습을 생각하며
너의 생사가 궁금했었지
너를 얼마나 보고 싶어 했는지 넌, 모르지
너의 키가 작았을 때였지
할매랑 제방골에 제사를 지내러 가는 길이였지
무거운 짐을 이고 맵쌀까지 손에 든 할매를 도우려고
떼를 써서 맵쌀봉지를 빼앗아 머리에 이고 가다가
그만, 돌부리에 채여서 너의 집 앞에서 꼬부라졌지
너의 흙 마당에까지 쌀알들이 눈처럼 뿌려졌지
얼마나 네가 웃고 있는지도 모르고
가슴 콩당거리며 조막손으로 쌀알들을 주었지
할매의 억양 센 노래 한 소절 듣고 일어서니
네가 빤히 쳐다보고 있었지
얄밉게도 너는 비아냥거리며 찔러댔지
세월이 흐르고 할매도 추억 속에 묻혔지

어느 날 제방골에 볼일이 있어 가는 길목에
네 안부가 궁금해 너의 집을 찾아보았지
네가 집 앞에서 먼 산을 바라보고 서있는데,

얼마나 반가웠는지 옹달샘이 가슴에서 생겨났지
그때는 너의 이름도 모르고 지나쳤는데
할매 이름은 소남수인데, 너 이름은 뭐였지

빨강 다후다 잠바 외 2편

김 선 희

설설 기어서온다는 설을
어린 날 손꼽아 가면서 기다렸다

추운 겨울 방학 내내
구멍 숭숭 뚫린 윗도리에
털실로 짜주신 궤바지를 입고 겨울 나기를 했다

설대목 문의 장날 문화상회에서
엄마는 방학동안 동생들 잘 돌보라고
빨강색 나일론 다후다 잠바를 사주셨다

동생들을 업어 줄 때엔 등 뒤에 코를 흘릴까
잠바를 벗어둔 채 업어주고
보물인 양 아껴가며 입었다

벗어놓은 잠바를 허수아비처럼 입고 놀던 동생이
마루에 있는 연탄난로에 부딪치며
등짝이 바짝 쪼그라들었다

얼굴이 잔뜩 붓도록 울어 봐도 소용없는 일
잠바 등짝엔
엄마의 월남치마 붉은 꽃무늬가 엎드려 있었다

학의천

학의천은 정비작업 중이다
커다란 포클레인 두 대가 탈탈거리며
바쁘게 움직이고 있다

진흙탕물이 내려오는 냇물 속에
청둥오리 네 마리가 작은 돌 위에 두 발을 모으고
고심을 하고 있다

갈대숲도 터전을 잃고

바람이 달려가면 얼굴 흔들며 웃어주던
돼지풀들도 사라졌다

우두커니 생각에 잠겨 있는 백로가
망연자실한 듯 흙탕물만 바라보고 있다

엿기름을 만들며

오산 오일장에서 겉보리 반말을 샀다
던져놓은 검은 봉지 속 보리의 아우성에 속이 시끄러웠다

보리를 물속에 담갔다
밤새 불은 보리를 꺼내어 소쿠리에 건져 낸 다음
사흘 밤 낮 따뜻하게 잠을 재웠다

보리싹이 손가락 한 마디 만큼 자랐을 때 거실 한구석은
시골 할머니 집 윗방 그림과 냄새를 옮겨 놓은 것 같았다

콩나물이 물 먹고 키가 쭉쭉 올라오는 소리
수수깡으로 만든 둥근 울타리 안에서
삐죽이 고개를 들고 있던 고구마들의 숨소리가 들리던 방
방바닥 작은 멍석에 보리싹이 마르고 있었다

누런 보리싹을 손으로 비벼 닦아서
알곡만 골라 믹서기에 갈아 엿질금을 만들었다

올 설엔 엿기름 넉넉히 넣은
달달한 감주를 차례 상에 올려야겠다

아버지의 겨울 외 2편

김 근 숙

겨울에 팔순을 맞이하신 아버지는 청년 같으시다
흰머리는 젊어서 한약을 잘못 드셔서 희어졌을 뿐
잔주름도 적고 눈도 밝으셔서 신문도 잘 보신다
팔순기념으로 검버섯도 제거하시는 중이시다
치매를 예방하기 위해 한자를 매일 쓰고 계시고
노인대학에서 강의도 들으시고, 힐링여행도 다니신다
금년 겨울부터 밥짓기, 빨래하기 역할이 늘어나셨다
4살 연상인 아내의 건강이 갑자기 나빠지면서
여자의 역할을 익히시느라 겨울에 땀이 나신다
소띠로 태어나신 아버지는 평생 일만하셨다
면서기로 일하셨지만, 홀어머니의 농사일을 같이 하시면서
팔십 평생을 흙과 살아오신 아버지의 삶은
아낌없이 다 내어주는 소의 삶 같으시다
내가 어릴 적 아버지의 겨울은 처자식을 위한 준비기간이셨다
아침부터 땔감준비로 산에 오르신 뒷모습이 아련하다
겨울철 간식 엿을 고을 때는 작대기에 더 힘을 주시면서 일어나셔야 했다
밤에는 새끼를 꼬시면서 손에 찬물을 적히곤 하셨다
동치미와 김장독을 땅에 묻으시랴 삽질은 혼자하시고
무청을 엮어 걸어두시면, 새봄까지 시래깃국 맛을 맛볼 수 있었다

새벽녘 쇠죽 끓이는 손길로 구들장 온기는 웃음을 주었다
쇠죽 속에 세숫대야를 넣어 따뜻한 세숫물을 준비해주시고,
꽁꽁 언 신발은 부뚜막에 올려주셔서 등교 시마다 나란히 놓아 주셨다
아궁이에는 구수한 군고구마가 늘 기다리고 있었다
홀어머니 쓸쓸한 방에 훈훈한 화롯불 넣어드리고,
요강 깨끗이 닦아 머리맡에 놓아두셨던 효자셨다
아궁이에 불 지피시다가 좋은 나뭇가지 발견하시면
자식들 놀잇감으로 자치기, 윷가락을 만들어주셨다
아버지의 혹독한 겨울은 흰 눈이 펑펑 내리던 날이었다
가장 예쁜 셋째 딸을 품에서 떠나보낼 때 가슴을 치며 오열하셨다
매서운 겨울날 홀어머니 꽃상여타고 집 떠나실 때도 소리내어 우셨다
아버지의 겨울에 이제 눈꽃송이가 날렸으면 좋겠다
흰 눈이 멍든 가슴에 소복이 쌓였으면 좋겠다

비밀번호를 교체하라

제자리를 못 찾은 숫자들이 허공에 떠다닌다
기억은 흩어져 바람 따라 날아가고
더러는 침몰되어 잔재로 떠오른다
산산이 부서진 숫자의 슬픔이 들통나니 더 슬프다

손가락 길로 따라가지 못한 숫자들이 길을 잃었다
직진, 좌우회전, 지그재그로 길을 찾아 헤매인다
비밀의 정원에 들어가지 못한 숫자가 서성댄다
운 좋아 발자국 따라 사뿐사뿐 걸어간 숫자가
비밀의 문 앞에서 걸음을 멈춘다
문 앞에 주저앉아 쌓여있는 숫자들이 가엾다

그 옛적에
"이리 오너라!"
헛기침하며 부르는 소리에 달려 나온 환대가 그립다
"뻐국 뻐뻐국"
헛기침하며 임을 부르던 초저녁 달빛도 그립다
마음을 받아주던 일기장의 만남을 허락한 열쇠 하나
주머니에 넣고 살고 싶다
숫자처럼 몰려다니는 내 사랑 적어놓고 싶다

친밀해진 숫자들과 헤어지라는 지시로
또 다른 비밀의 짝을 찾아 길을 나선다

고장 난 수도꼭지

새벽녘, 화장실에서 물이 쏟아지는 소리에 번쩍 눈이 뜨였다
언제 고장이 났는지 뜨거운 물을 밤새도록 쏟아내고 있었다
소리쳐 울어보며 애써 시선을 끌어 모은다
삼켜 버릴 것 같은 열정이 흘러내리고
사무치게 그리운 부재(不在)의 순간들이
티 없는 순결이 속절없이 빠져 나간다
급히 달려온 시간들이 옷자락을 잡아도
매몰차게 뿌리친 손끝이 울부짖는다
천생의 인연에도 하룻밤을 지새우지 못한 채
오솔길 한번 걸어 보자던 끄나풀 땅에 떨어트리고
고왔던 손가락에 꽃반지조차 끼워주지 못한 채
그토록 소중했던 순간들을 왜 몰랐을까
허기진 갈망들이 가슴을 쑤셔대고 있다
한걸음도 잡을 수 없는 멀어지는 다리
안개 속에 희미한 먼지로 얼룩진 얼굴과 손
맛을 모르는 혀와 음식을 거부하는 위장이
매몰차고 야박하게 복수를 하고 있다

잘 막힌 수도꼭지에게 묻는다
모든 것이 잘 통해야 하거늘
잘 쏟아지는 걸 고장났다고 하다니

유통기한 외 2편

김 순 수

긴 여정의 여행을 떠나는 모습들
많은 시간을 가진 그에게는 늘 친구들이 따른다 이래도 웃고 저래도 웃기에 행복이란 짐을 이어가며 하루를 보내는 그

부드러운 바람처럼 구름을 휘휘 저어
부서지는 햇빛사이로 가지런한 그
저녁노을 고운 빛까지도 가려 시샘하는 탓에 그대만 사랑해요 어허라 디어라 어해에에 어해에

서로를 미워할 수도 사랑할 수도
있는 그이기에 사랑으로 이어가는 숙성기간이 있다
정 때문이라도 미웠던 마음 잊혀지는 순간에도 그에게는 또 다른 운명이 생긴다

슈퍼맨과 순수시 사이에서

나는 생선 야채를 파는 슈퍼맨
가을의 질료들을 다룬
나의 시는 아무리 양보해도 방정맞다
하여 나는 가을이 퇴장할 때까지
침묵을 구사하리
실컷 궁리했으나 제법 사유에 닿지 못했다
그러니까 시란 척 하며 숨 차는 것
슬픔도 탐스러울 수 있다고 시가 자꾸 몸을 쓴다
누구를 기다리나 했더니 시가 툭툭 떨어지는 노란 잎이 시간이 멈추지 않았음을 퍼뜩 알려주고 어느새 과거 위에 새로운 과거가 시창작을 분양한다

지나가는 세월 지워져 가는 기억들 시어들이
어쩌면 오지 않을 버스를 기다리는 정류장 지붕위에 시의 노란 잎만 수북이 쌓여간다
묵은 지 같은 시어에 퀴퀴함에도 토시를 끼어주고 보이면 보이는 대로 느끼면 느끼는 대로 그렇게 쓰자 나의 삶이 비겁함이 아님을 보이는 것
그것만으로도 이미 충분히 복잡하고 보지 못한 것 느끼지 못한 것까지 써낸 것 아닌가

내 속내를 모두 담기에는 너무나도 내 그릇이 옹색하지 않은가

내 몸 안 줄기세포가 내포되어 있는 시어에
주문을 걸어주는 심장인가 보다
창작크림을 경험하고 싶다면 무조건 쓰자 쓰다가 틀리면 리모델링하면 스토리가 생긴다 시를 말하고 싶고 시를 쓰고 싶은데 아직도 나는 인고의 끝자락에 서있다 시창작의 깊은 뜻이 대체 어디까지란 말인가
웃음을 팔면서 성실과 함께 배려를 파는 것이 복이려니 하는 슈퍼맨이었던가
타임머신을 타고 슈퍼맨은 결국 시인이었던 것이다

세월

아침은 어찌나 기특하던지
날이면 날마다 너를 가장의 반열에 징발한다 가슴이 지시하는 결백은
머리가 가리키는 허물에 백전백패하고
슬픔은 무시로 육성되어서
본의 아니게 아이들에게 전염된다
겨우 말하건대 내가 벌이는 승부에서 너는 진검은 고사하고 곡괭이 한 자루도 없다

숲에는 나목들을 진열해놓고
강물엔 찬 파도가 일게 해놓고
무정하게 또 바람에 실려 떠나는구나
아름다운 가을을 만들어 자연의 숭엄함을 실감하게 하였으며 느슨한 연인들의 가슴에 진정한 사랑을 심어주었고 하얀 눈에 사랑의 발자국을 만들어줄 12월을 오게 한 너, 내년에 다시 보자구나

귓불을 스치고 돌아서 가는 바람에
문득 지나가버린 너를 불러 세웠다
여전히 대답 없이 바람처럼 사라지는
너의 뒷모습에 왈칵 서글퍼짐은

아마도 아쉬움이 크게 자리 잡고 있었으리라

근면한 근심은 한결같고 유산된 너와의 친구인 시는 내 오금을 꺾는다 그 어떤 감탄 부호도 없이 한나절이 쏜살같이 사라져버렸다

너는 아련함을 남겨두는 추억을 상기해주는 너무나 성실한 도둑이었나 보다

발병나지 않은 길 외 2편

박 공 규

4남 4녀의 장남인 오빠 팔순八旬이라 동생들과 고향에 갔다
부모님이 일찍 돌아가시고 집안 대소사는 서울에서 모임을 가져서
반세기가 훌쩍 넘어 고향에 도착했다
산도 들도 낯선 풍경이고
마을 어귀 느티나무만 동무를 만난 양 나를 반겨주었다
초등학교 시절, 무명천에 노란색 검은색 물감 들여 곱게 한복 입고
그네 뛰던 생각나서 나이테만 늘어간 나무를 어루만져 주었다
옛날 같으면 팔순잔치에 시끌벅적할 텐데
집에 들어오니 마당과 부엌은 조용했다
출장 뷔페가 오고서 동네 사람들 모여들었다
옛 친구 안부 물으니 두 친구는 저 세상 사람이라고
젊은 아줌마가 꼬부랑 할머니 되어 반기며 말해준다
목사님의 축복 기도와 식사를 하며 옛날이야기에 시간 가는 줄 몰랐다
옛날에 할아버지가 감찰사 벼슬하신 덕에 아버지도 편안한 생활을 하셨는데
내가 어려서 내리 4년 가뭄으로 흉년이 들어
벼 대신 메밀과 수수를 심었던 기억이 새롭다
친정이 부자라 어머니가 친정에서 쌀을 가져다
배고픔을 면했던 시절이 와락 달려온다

잔치를 마치고 귀가하는 데 오빠는 백수(白壽)에 꼭 다시 오란다
발병이 나서 못 가는 길도 아닌데 오빠를 보러 자주 가야겠다

사돈집에 다녀오며

마석 사돈이 만나자 한다
창동에서 지하철 타고 가는 날이 장날이라 하던가
파업으로 가다 서다를 반복해 20분 거리를
1시간 걸려서 청량리역 도착했다
사돈이 좋아하는 몇 가지 사서 경춘선 갈아타니,
창밖, 은행나무도 가을도 나와 함께 달린다
마석에 오니 사돈이 찰진 고봉밥이며
푸성귀 반찬을 맛있게 대접한다
건강을 나르는 이야기꽃 피우다 보니
아삭이고추며 고춧잎 애호박,
자식 같은 농산물을 시집보내신다
왔던 길 돌아 창동역 계단을 오르는데
꽃 같은 학생이 선뜻 짐을 올려줘
고맙다 하니, 꽃 같이 웃어준다
내 딸 시집보낸 것이 엊그제 같은데
서로 주고받는 정이 농산물에서 배어나오며
서슴없이 짐을 들어준 꽃 같은 학생의 웃음도
눈에서 삼삼하게 떠오른다

도봉산에서

아삭아삭
발로 눈을 먹으며
눈길 따라 도봉산에 오른다
밤 사이 소나무들은
손마다 아이스크림을 들었다
줄까 말까 자랑하니
짓궂은 바람 달려와서 빼앗아 간다

소나무는 아무도 몰래
살짝 햇살 동생에게
아이스크림을 나누어주었다

아버지의 외출 외 2편

백 운 수

1979년 한가위를 하루 앞둔 어둠이 노닐던 날이다
가득 찬 달무리가 허허롭게 부산스럽다
점점 높이 오르는 달의 중력 때문일까
한 번도 하느님을 곁에 두지 않던 그는 그 나라로 집을 나가버렸다

그 시절 그의 그림자가 희미하게 그려진다
피팅 모델이 꿈이었을까
몸매는 부지깽이처럼 가늘고 여리었다
일제 강점기의 잔재가 습관화 되었어일까
이 시 로꾸 하시 도 하고 숫자를 읊으신다
고을의 큰 일꾼이 되고 싶어서일까
마을에 배당되는 비료를 집집마다 일일이 챙기신다
다이어트를 너무했나 보다
군살 없던 호리호리한 신체에 풍이 들어와 놀고 있다
나는 주말이면 천리 교외로 그와 나갔다
리어카에 태워 바람 한 점 구름 한 점 마셔가며
들컥들컥 구르는 바퀴에 회색먼지 벗 삼아 흐름한 집에 안착한다
미지근한 물에 소금 한 스푼 소망 한 스푼 타서 마신다
삭은 함석지붕을 뚫고 동아줄 끝자락에 빛이 있는 듯 주문을 주문한다

부슬부슬 내리는 비 맞으며 낡은 키를 들고 미꾸라지 잡던 그와의 시간들을 꺼낸다

앞에서 휘이휘이 맞은편에서 키를 뜰 때 하나 되는 흐린 시간들

리어카 바퀴타고 구르던 먼지는 바람타고 구름되어 떠돌다가 비가 되어 내렸을까?

미꾸라지 잡던 봉강천에

현대판 노예, 스마트폰

한 많은 이 세상 야속한 님아, 하고 그가 울어댄다
언제까지 노예는 당하고만 있던가 말이다
할 말 있으면 수시로 이렇게 나를 부르기도 한다지
조선시대엔 한양 오가는 길 두어 달 걸렸건만
지금은 두 세 시간에 왕래가 가능하건만
왜 그때보다 여유가 없는지
따르릉 따르르릉 70년대 벨소리가 울린다
아주 먼 곳에 머물다 말 것 같은 찬란한 유혹들이 나를 향해 접근한다
뿔테 안경 너머로 나는 그에게 빠져 산다
하인을 다뤄본 적 있었던가
그에게 온갖 지시를 내리며 만족한 시간들을 가져본다
손가락 하나로 내 모든 바램들이 이뤄질 참이다
시사에서 드라마, 쇼핑까지 척척 처리한다
미로처럼 뒤엉킨 잃어버린 길 쩔쩔거릴 때
무한대의 예지력으로 그는 길을 다소곳이 안내해준다
그에게만 의존한 나의 뇌가 기억을 잃어가고 이러다 바보가 되면 어떡하나
시간시간 업그레이드 하세요, 라 알려주는 표기에
그와의 계약서를 열어본다

마음껏 부려먹다가 얼마든지 새로 바꿔도 된다고 쓰여 있다
다양하게 유혹하는 그의 알림 앞에서 절대로 넘어가지 말아야지 하며
그를 주머니에 구속한다

두루마리 휴지

오방색 낙엽들의 곁눈질 인사에
나는 네모난 모퉁이에서 그네로 화답한다
나의 피부는 백옥보다 더 하얗다
나의 피부는 속살보다 더 곱다
나의 피부는 솜털처럼 부드럽기도 하다
보르네오 섬의 하얀 물안개를 먹고 살았던 나는
고운 물도 찰나에 흡수한다
발레리나보다 더 사뿐사뿐 날아다니기도 한다
뭇 남성들이 손을 청할 때 기꺼이 응해준다
간혹 과한 욕심을 부릴 때엔 목구멍을 메워버리기도 한다
노을 빛 흐르는 카페에서 볼록 잔의 레드와인이 한 방울 떨어지면
그들은 나에게 도움을 청하지
나는 주저 없이 떨어진 레드금전을 대출한다
초가을 감나무 잎들이 초록을 버리고 누울 때
나도 감나무 잎 따라 깊은 잠에 든다

맥주 외 2편

성 유 순

아무리 잊으려 해도 생각나는
당신은 내 첫사랑입니다
고등학교 졸업 후 당신을 처음 만났을 때
첫 키스의 그 황홀함은 지금도 잊을 수가 없습니다
슬플 때나 기쁠 때나 오래오래 함께
사랑하자던 당신의 언약
바람처럼 사라진다 하여도
어찌 잊으리오
비올라의 선율처럼 감미로운 음성이
심장에 박혀버린 문신되어
그리움만 커지는데

어찌 잊으리오
내 입술을 촉촉이 적시던 당신

시와 풀

시를 쓴다는 것
산고의 고통이겠다
그렇다면 풀도 꽃을 피우는데
풀도 산고의 고통일 테지

감성의 밭에 수확의 기쁨만 생각하며
땀 흘리는 농부의 마음처럼
풀도 스스로의 곳간을 채우고 싶겠지
그러나 아무 가진 것 없이 다시 사는 삶
그것에 최고의 수확이 아닐까

메마른 땅에 부슬부슬 내리는
단비처럼 찾아오는 시향
풀은 언제나 부슬부슬
빗줄기가 굵어지길 기다리지

감내해야 할 갈등과 창조
밤새도록 허물고 다시 지은 고대궁궐은 허상이었나
풀은 스스로를 일으켜
풀의 궁전을 만들지

풀은 스스로를 삭여
스스로에게 거름이 되는 풀
시를 쓴다는 것은
삶의 완성을 위한 몸부림이지

비둘기 이야기

오늘은 68년 만에 가장 크다는 수퍼문
달빛 밝은 날이다
비둘기 가족이 대낮인 줄 알고 푸른 잔디밭에 나와
서로 구구구구 사랑스러운 웃음꽃을 피운다

사랑하구 좋아하구 아름답구 멋있구
가을바람에 한들거리는 코스모스처럼 아름다운 말을
별빛 쏟아질 때까지 주고 받으며 노래하고 있다

어두운 밤에 비둘기가 나왔다고
물가에 내 놓은 듯 걱정을 했더니
지켜보는 마음 괜한 걱정을 했구나 싶다

걱정말구
어서 주무시구
일찍 일어나시구
내일을 맞이하시구

비둘기들이
구구구구 반상회를 한다

3부.
프리지아 사랑

아들 외 2편

홍 명 자

종갓집 맏며느리는 대를 이어야 했다
인간의 힘으로는 안 되는 일도 있었지
될 것 같고 얻어질 것도 같았지만 마음대로 안되는 게 인체의 오묘함이었어
돈을 주고 살 수 있는 거라면 집을 팔아서라도 샀을 것이고
훔칠 수 있는 물건이라면 훔쳐왔을지도 몰라
괜찮다 하셨지만 작은 자식의 손자 보심의 축하 말씀이 좋다
그러나 은영 어멈이 낳은 것만 하겠냐고 전해들은 아버님 말씀에
마음은 늘 좌불안석이었지
죄인 아닌 죄인이었고 비감만 들어가는 나날이었어
무엇 하나 좋을 것도 없었고
기가 죽어 고개 숙인 여자가 되어갔지
어두운 밤이 좋았고 동이 트면 불안했어
이 시대에 아들 뭐 필요 있냐며
시대에 뒤 떨어진 여자라는 귓전의 비아냥도 감수해야 했어
집착이라고 했지만 아들이 꼭 있어야 했어
하나만 낳아 잘 살아 보자던 시절이었어
나라엔 대역 죄인이 되었지만 난 가지고 싶었지
금쪽같은 들러리 넷을 세우고
마침내 평산신씨 핏줄이 용울음 터트리던 날

난 우주를 안고 빛의 속도로 하늘을 날아올랐지
세상 부러울 게 없었어
아들을 낳아봐야 별거 아니라고 주위에선 말들을 했지만 난 별거였어
세상이 훤해 보였고 잎새들이 파랗게 보였고
모든 게 예뻐 보이고 사랑스러웠어
발 아래의 모든 생명들이 밟힐까봐 땅도 살펴보고 걷게 되었지
커튼 내리고 살았든 세월을 환하게 밝게 걷어 올렸지
그 시절 자식 많은 열등의식에 사로잡혀 살던 우리 집 대장은
주욱 내려오다 철커덕 하나 걸렸다며
무슨 실수를 그렇게 크게 했냐며 입이 귀에 걸렸어
시로 풀고 창을 해서 한을 토해내야 된다고 큰딸은 말을 하지만
보석을 다섯 개나 쥔 나는 아들 넷이 더해지니
양손에 보석을 쥐고 손자들 등에 업고 하늘을 날고 있지
나의 행복은 현재 진행형이야

어머니 기일에

큰아들 가슴에 묻고 얼마나 애상하셨으면
큰오빠 가신지 십팔 개월 만에 큰아들 따라 가셨다
태산만큼 높고 고우셨던 울엄마
그날 병원에서 의식 없이 가릉가릉 가쁘게 숨을 내쉬면서
웅얼웅얼 큰아들만 부르시더니 하루를 못 넘기고 가셨다
동트는 새벽 몽매에도 그리던 큰아들을 따라
그렇게 그렇게 영원한 이별길을 떠나가셨다
이승에 남아 우는 자식 칠남매는 어이 하라구요
그때 슬픔은 다 똑같은 줄 알았는데 이순고개 넘어보니
어머니 가슴 맺힌 슬픔은 가히 우리가 가늠할 수도 없는 아픔이셨으리라
기억 저 멀리 끝자락에 묻어두었던 한 많은 시간들
어머니의 가슴앓이 슬픔을 이제야 조금 알 것 같습니다
쪽진머리 흰 적삼에 단아한 모습의 어머니 얼굴에 입을 맞춰본다
양 볼을 뜨겁게 달구며 눈물 목이 콱 메어온다
순간이 지나면 모든 것이 과거일 뿐이고
영원하지 않다고 잊어야 된다고 하지만
엄마되고 할머니 되어도 늘 그립고 목마른 것은 변치 않는 모정이리라
수천 년 수백 년이 지나도 그리움이라는 단어는 퇴색되지 않고

열어지지도 않고 그 깊이가 더해 가는 것 같다
무덤 속에나 들어가야 잊혀질까
나이 들어도 늘 가슴 저리게 생각나고 보고프고 그립습니다
오늘은 더욱 어머니 품속이 그립습니다
어머니 어머니 그리운 내 어머니

마음자리

나도 모르게 시시때때로 바뀌어 가는 마음
이건 본래의 내 마음이 아닐 것이다
가을 산야는 붉게 물들었다
내 마음도 붉게 물들었다
나는 지금껏 내가 푸르다고만 생각했다
그러나 나에게 온 것은 가을이 아니라
나에 계절은 아직 더 자라야 하는 계절 초여름이었다
나뭇잎들은 머지않아 바람에 휩쓸리며
또 한 생을 마감할 것이다
붉게 곱게 물든 낙엽처럼
언젠가는 나도 저처럼 떠나가겠지
나는 나를 겨울로 떠밀고 싶지 않다
내가 가고 싶은 곳은 늘 새로움이 싹트는
사랑의 계절
내 본래의 마음자리에 욕심과 어리석음으로 담았던
모든 것 미련 없이 훌훌 털어버려야 한다
고마운 마음 사랑하는 맘으로만
넘치도록 가득 채워놓을 것이다

평등사회 외 2편

문 옥

오늘도 여느 때처럼
잔디 주변의 제비꽃 쇠뜨기 토끼풀들을
보이는 대로 뽑다 들어왔다
잔디는 남겨두고
제비꽃은 뽑고 다른 풀들도 다 뽑는 나에게 물어본다
풀의 복지가 잘된 유럽의 S나라에서는
어떤 풀이든지 자라면 깎아주기만 한다는데
마당의 풀들은 나를 만나 불평등을 겪는다

광화문 뉴스를 접한 풀들이 촛불집회한다고 나설지도 몰라
두려움에 오싹해진다

병상일기

신나게 뒹굴었던 아랫목 이부자리처럼
하얀 옥양목 침상을 펴놓고 누군가를 기다린다
옛집 그 방 반질거리는 호청에는
고요를 부수던 다듬이 소리가 스며 있었지
시무룩한 사내가 들어와 쓰러진다
투명 호스로 내리는 수액에 간절한 눈빛이 머문다
갑자기 멈추기라도 하면 수심이 배인 손가락으로 꾹꾹 눌러본다
아침이면 그는 몸단장을 하고 회의를 주관하러 침대로 간다
결재서류에 서명을 하는지 건강상태를 수첩에 기록한다
바이어와 예의를 갖춘 식사를 위해 침상 식탁을 편다
뻐꾸기가 정오를 넘겼다고 고개를 빼고 노래한다

바지 길이 소매길이 깡총깡총 뛰어다닌다
머리카락 사이로 새 길이 났다
영춘화 봉우리 맺히던 마음뜨락에는
벚꽃잎들이 겹겹이 떨어지고 그의 얼굴은 노랗다
어둠이 내리면 잠자리에 든다
밤새 잠들지 않는 복도를 잠시 걱정한다
질주하던 길가 꽃들이 생각난다
다시금 뚜벅뚜벅 걸어나가면

날마다 만나는 들꽃과 마른 이파리에게도 미소 지으리라
등줄기에 흐른 땀을 뿌듯하게 씻을 희망을 베고 잠에 빠진다

스르르 문을 밀면 햇살 따라 들어온 바람이
창가에 앉았다 의자에 앉았다 놀이를 한다
어두워지는 도시를 오래 바라본다
길은 비어가고 가로등이 달빛을 낚아채 등 뒤로 감춘다
나는 깜빡 졸기도 한다

걱정인형

걱정을 받아먹는 인형이
산허리를 돌아 요양병원에 간다
크로아티아에서 샀다며
할머니 얼굴에 핀 사과꽃을 그리는 딸애랑 간다
내게도 저런 인형 하나쯤 있으면 좋겠다

할머니 손을 잡고 들어선 식당에는 꽃등심이 기다리고 있다
시장기를 옆에 앉혀두고
아가, 애비 어깨에 살던 무당벌레는 어찌되었노
에미야, 우기는 아직도 구름과자를 좋아하냐
우리 집 담벼락은 태풍에 우찌 되지 않았을까
순대국 가마솥의 뜨근한 국물처럼
어머니의 걱정꺼리가 튀고 있다
어머니, 아무 일 없으니 걱정하지 말아요
그리 안 된다 그리 안 된다
한 김 빠진 웃음들을 후식으로 먹는다
선물을 도로 들고 나오는 내 발등에 별이 반짝인다

걱정을 날로 먹는 우리 어머니
큰 걱정인형을 가진 나의 기쁨이 무겁다

무게가 천근이다

와플써니 세대 외 2편

- 8090 퀸가 킹카

전 하 라

신설동 막걸리집, 사부의 레시피에서 일곱 명의 퀸가 킹카들은 밤새도록 술을 마신다

밤새지 말란 말은 고대의 언어가 된 지 오래다

더 이상의 고대는 고대를 경계한다

경계 없이 자유로운 길량이들의 멋진 노래라운드가 한창이다 조합된 규칙들은 막걸리 잔 귀퉁이에 붙이고 나왔다 일곱 길량이들은 손가락 끝에 침을 묻혀서 깻잎머리 더벅머리 머털머리를 하고 입장한다 오렌지 노랑 붉은색 가발이 조명 빛에 뽀글거리며 둥둥 떠다닌다 스무 살로 돌아간 세대 공감이 웃음바다를 거뜬하게 채운다 녹색 파랑색 보라색스타킹을 신고 거리를 활보하던 이십대 초반의 량이들이 껌 씹는 솜씨도 제법이다 나팔바지 골반바지 승마바지에 허리를 잘룩하게 구두 촉에 윤기를 더한다

그해 어느 날,

친척결혼식에 노란은행잎 펌을 하고 초록나뭇잎 정장에 초록스타킹을 신고 초록 새도우를 하고 갔다

결혼식에 온 친척들의 입에서 하나같이 나오는 말은 '신부가 참 이쁘네'라는 말보다 'ㅇㅇ딸이 왜 저러고 다닌데'라는 말이 구전처럼 내려가고 와전에 소문으로 빙빙 돌아다녔다

멋이 멋이 아닌 미친년이 되었다고 전화가 빗발치게 사촌 언니에게로 왔다
마포 올림피아가든클럽을 들러 워커일에 리베라
들어가기 전에 친구는 소주 1팩 마시고 클럽에 들어간다
오빠! 여기 기본맥주와 안주 줘
London night, Harlem desire, Brother Louie 댄스춤을 춘다
she's gone, Casablanca, Alone 오빠야들의 브루스가 한창이다
디이아몬드스텝으로 줄지어 세대공감 흥을 돋울 때
여기저기에서 8090퀸카 킹카들이 시대를 건너온다
은숙 연두 문옥 하라 태호 석중 순진이가 댄스 레시피를 그린다

비의 육체[5)]

반월호수에 매너 우선을 펼친다
가을비를 몰고 오는 연인들이
하나 둘 웃음을 올리며
허리를 감싸는 손길이 따스하다
적당한 바람이 빗소리를 흘리며 앞서 길을 떠나고
남겨진 발걸음이 여운을 담으며 간다

물의 어깨가 드러난 등성에도 붉은빛이 젖어든다
하나 둘 젖어가는 비의 틈바구니에도
놓치고 싶지 않은 배려가 있다
산이 눈을 질끔 감으며 물에 손을 얹는다
비틀린 마음을 다독이며 오후의 건기를 적신다

젖어라, 젖지 않으면 비가 아니다
너가 아니다

비의 걸음이 다가서는 순간
멈칫하던 너,
두루마리 화장지처럼 풀리는 눈동자에

---

5) 김륭의 시 「바람의 육체」를 패러디하다

입술을 얹는다

아따, 비 오는데
시방 뭔 지랄들 하고 있냐
날궂이 그만하고 퍼뜩 들어온나

하지정맥류

내 다리 속에는 푸른 뱀이 산다
거울 앞에 서면 보이는 뱀
차마 보고 싶지도 보이고 싶지도 않은 나만의 뱀
서리가 내릴 때면 유난히 푸르게 다가온다
깊은 밤이면 너로 인해서 숨이 조여온다
거울 속에서 요동하는 피의 기류가 실선으로 이끄는 혈
사람 없는 거리에서 한적한 공포를 느끼듯이
다리가 저리고 신경으로 퍼지는 현상을 자주 느낀다
어둠에 내어준 시간을 저울에 올린다
소통의 부재인 사회의 불균형
무게감의 균형이 사라진 시점에서 바라본 정점이
사뭇, 다르다
통증을 동반한 반란

프리지아 사랑 외 2편

조 은 숙

늦은 밤 발그스레한 얼굴로 천사가
프리지아 한 다발을 사들고 왔다
옛날 프리지아를 사 나르던 그 연애시절 그 삼월이 떠올라
길거리에 친구들을 세워두고 노점 꽃집에서 사왔단다
회색머리와 큰 체격의 중년 천사에게서 소년이 있다
꽃을 전해주는 그 표정이 첫 데이트 때보다 더 어린아이 같다
오래전 목사님께서 남편을 천사라고 부르면 정말 천사가 된다고,
그때부터 그는 천사였고 연애시절 편지의 첫 구절인 내 사랑이었다

내일은 천사에게 내가 프리지아 사랑을 전해야겠다
내 사랑 천사여 이 꽃을 받아주오

성산포는 그곳에 있었다

- 이생진 시인을 뵙고

꿈을 꾼 듯했다
꿈이라 생각했다
이십 대에 중독처럼 읽던 시를,
시집 수십 권을 사서 지인들에게 나누어주던
그 시인을 출판기념식 때 뵈었다

편지를 쓸 때마다 성산포 1, 2, 3
윤설희 시낭송도 성산포 1, 2, 3
제주도 성산포 정상에 올라서도 성산포 1, 2, 3
시인의 고독이 내 고독인양 흉내 내고
술을 마실 때도 한 구절씩 읽곤 했다
그럴 때마다 술맛은 어찌나 씁쓸했는지
많은 세월이 흐른 지금도 만나면 성산포 시를 이야기 하곤 한다
시를 쓰고 싶다는 생각을 일게 한 시, 시인

봄이 오는 저녁,
친구들을 불러 모아 술 한 잔 해야겠다
성산포를 외치며 이십 대 청춘을 다시 찾아야겠다

이생진 시인은 성산포를 안고 다녔다
내 가슴에도 다시 성산포가 들어찬다

소빠리 연가

유머가 풍부하고 인심 좋은 두부집 노달댁
담배 총대를 하던 부유한 건용이 아버지
우리가 부러워하는 가게와 버스 정류소를 하던 두환이네
계란과 공책을 물물교환하던 창고집 두 손 아주머니
철마다 깔끔하게 황토벽을 바르시던 유난히 깔끔한 향순이 어머니
핏빛 오약 사러 메텟골까지 갔던 태수네
고학력에도 불구하고 철공소를 하시던 동근이 아버지
넓은 이마처럼 박식하셨던 반장님 형원이 아버지
키 크고 참 인자 하셨던 춘식이 아버지
과수원을 해서 늘 사과가 풍성했던 성한이네
가마솥이 늘 반짝반짝하던 소녀 같던 수영이 어머니

그 세대들은 대부분 소 팔러 가시고
우리들은 소빠리 청춘으로 되돌아간다

바람 외 1편

김 소 현

그는 원래 뼈대 있는 가문에서 태어났다
그가 집안을 어지럽히고
부모 말을 듣지 않았을 때
그는 마침내 내쫓겼다
이리저리 문전걸식했으나
그는 대접 받지 못했다
여인네 치마를 들춘다거나
창문을 흔든다고 그는 가끔 창고에 가두어졌다
그러다 그가
나뭇가지를 흔들고
나뭇잎을 흔들고
내 마음을 흔들고
제주도 돌밭을 구르게 할 때
그의 존재는 인정되었다
그 중에 가장 고약한 건
내 마음을 흔드는 거였다
누가 내 마음을 흔들어주길 바랬지만
막상 흔들리고 나니 그가 더없이 좋았다
나는 바람의 딸이었던 것이다

참이슬

참이슬을 좋아하는 사람을 만나고 싶다
시도 때도 없이 술 마시자는 사람 이웃하며 살고 싶다
잘 차려진 진수성찬보다 오이 한 토막에 된장을 찍어 먹어도
참이슬만 있으면 더 없이 행복해지는
그런 참이슬을 좋아하는 사람을 만나고 싶다
아침 이슬이 눈이 부신 것처럼
소주 한 잔에 소금 한 톨을 나눠먹으며
참이슬 한 잔에 온 세상이 아름답게 보이는
참이슬 예찬론자들과 이웃하며 살고 싶다[6]

---

6) 김순진 시인의 시 「깻잎반찬」을 패러디하다

할례 받은 감 외 2편

김 재 농

오월이 되면 그녀는 하얀 화관을 쓰고 온다
페르세포네가 지상으로 올려 보내는 공주다
그녀는 지상에서 여름을 보내며
탐스럽고 발랄한 소녀가 된다
그러다가 단풍이 아름다운 시월이 되면
그녀는 성숙한 여인이 된다
첫 서리는 그녀에게 할례를 해준다
할례를 받은 그녀는 범접키 어려운 기품과 섹시미를 갖는다
이른 새벽 마당엔 안개가 자욱하다
그런데 그녀가 벌거벗은 채 안개 속에 모습을 드러낸다
큼직한 가슴을 내밀고서 나를 찾는 것이 아닌가
그녀는 할례를 받았으니 지하세계로 돌아가야 한다는 것이다
그동안 받은 사랑이 너무 크다고…
하긴 그녀가 태어나고부터 보살피며 눈 맞춘 정이 오죽하겠는가
나는 얼른 나가 그녀와 포옹하고 입맞춤도 했다
그리고 유방을 만져보니 곡선이 유연하고 당당하다
다산을 상징하는 아르테미스의 유방인가

처음으로 느끼는 나의 따뜻한 체온이 그녀를 기쁘게 했을 것이다
좋아하던 그녀의 모습을 잊을 수가 없다

개떡과 오라버니

우리 집 앞마당은 크고 작은 잡초들이 너른 마당에 무성하다
향나무 그늘 아래 의자 놓고 앉으니 나비 한 쌍이 날아든다
푸른빛에 동전만한 것이 귀엽고 천진스럽다
나비 따라 눈이 가니 없던 꽃이 나타난다
달개비 민들레 여뀌 같은 꽃들이 방긋방긋 웃는다.
나비들이 날 보더니 주인장이 현자(賢者)처럼 생겼다고 조잘거
린다
다음 날 예초기로 마당을 밀었다
시원하게 펼쳐지는 그린이 좋았다
의자에 앉아 분위기를 즐기는데
어제의 그 나비들이 또 날아든다
그러나 오늘은 꽃이 없다
아무리 돌아다녀도 그들이 앉을 꽃이 없었다
그들이 날 힐끔 보더니 한 마디 한다
개떡 같이 생겼다고 키득키득…

나는 그들의 딱한 사정을 눈치 채고
어슬렁어슬렁 뒷마당으로 가며 손짓을 했다
우리 집 뒷마당은 텃밭이다
나비들이 따라왔다

작은 나비들에겐 먼 길이기도 하다
그들이 텃밭을 보더니 환호가 터진다
지그재그로 춤추며 공중을 희롱하니 눈이 현란하다
그곳엔 가을꽃이 만발하고 있었다
빨강 노랑 파랑 흰꽃 등
엉겅퀴, 도둑놈, 개망초, 유홍초에 귀한 작두콩까지…
그들이 날 돌아보고 싱긋 웃더니
오라버니처럼 잘 생겼다고 소곤댄다

짓궂은 자연

- 지리산 장터목산장에서

초저녁의 산장 밖은 칠흑이다
별도 달도 없다
무거운 먹구름이 비를 쏟아 부을 기세다
낮 동안 그렇게 포근하던 가을 날씨가 살을 에듯 춥다
나무를 넘어뜨리고 돌을 날리고
어둠을 날리고 시간마저 날려 보낼 기세다
세상을 뒤집을 것만 같다
이게 무슨 악귀의 장난인가

새벽에 다시 산장 밖에 나갔다
바람은 간 데 없고 천지가 하얗다
산도 골짜기도 하늘도 안개 속에 뽀얗다

아침이 되었다
안개구름 산허리를 감싸고
골짜기엔 운해가 잔잔하다
나무도 바위도 그 자리에 있었다
맑은 하늘엔 구름 한 점 떠돈다
지리산엔 평화가 왔다

언제 그랬냐는 듯 시치미를 뗀다
내가 의아한 눈빛으로 물끄러미 쳐다보니
왜 그런 눈빛으로 보냐고 오히려 반문한다
그들은 그렇게 짓궂게 논다

기둥 하나로 지은 집 외 2편

김 태 연

가을걷이로 한창 바쁘던 날
뭉툭 잘린 가로수 길을 지난다

장발 때문이었는지 싹둑싹둑 가지치기를 당했지
영문 모른 채 당하고 나니 분한 마음이 들었지
에라 거친 세상 거꾸로 살아보자 싶었지
도로변에 대가리 처 박고 하늘 향해 발을 뻗쳤지
계절 없이 드나드는 난봉꾼은 벗으로 두었지
밤낮없이 울려대는 경적은 멜로디로 삼았지
북풍한설엔 헐벗고 굶주린 채 웅크리고 견뎠지
봄이 오니 산뜻한 녹색으로 단장을 했지
꽃소식 전해준 까치선생껜 선뜻 셋방을 내주었지
그들은 벌써 눈이 맞아 신방을 차렸다지
머지않아 식구도 늘어가겠지
그때엔 이층 올려 주마고 인심 한 번 크게 써야지

시골 장마당

졸음을 부르는 한적한 오일장 마당
질척한 시장골목에 바싹 쭈그려 앉은 등 굽은 할머니 한 분
알록달록한 몸빼바지에 꽁지달린 썬 캡을 푹 눌러썼다
빛바래고 허름한 보자기들로 벌린 좌판에는
냉이 달래랑 쑥 한 움큼이 소담하게 올려있다
달래 한 무더기 달라는 말에 입을 귀에 걸곤
건네받은 지폐에 마른침 한 번 퉤 뱉어 이마에 척 부친다
지폐를 꼬깃꼬깃 접더니 꾀죄죄한 앞치마 주머니에 쑤셔넣는다
해가 꼴깍 넘어갈 무렵 좌판을 찾아온 노란 쟁반
끓어 넘치는 뚝배기가 할멈의 눈에 생기를 불어 넣는다
쫄쫄 굶었던 배를 채운 노인에겐 그야말로 진수성찬이었을 게다
구겨진 지폐 꺼내놓고 퉤퉤 침 발라가며 숫자를 센다

금쪽 같은 돈 이만 팔천 원이라며
굽은 허리 펴고 주섬주섬 보따리 챙기는 노인

장마당에서 그 돈이라면 혹여
등 긁어줄 영감 하나 살 수 있으려나

금쪽 같은 비

오늘은 절기 중 한 해 한번 뿐인 입동이다
발 빠른 주부님들 입동 전에 김장하느라 분주하다
사계절 철없이 넘나드는 청과도 많으련만
자신의 영역인 장마철도 못 챙기던 애석한 그이가 온다
금값을 치받던 금고추로 버무린 금치를 닮았는지
돌아온 그이를 맞이하며 금비 온다고 좋아한다
너나 할 것 없이 금을 좋아하는 세상
백일날도 돌날도
금반지 금팔찌 금목걸이 선물공세요
약혼이나 결혼에도 금으로 휘감기를 즐긴다
세상물정 모르는 그이를 맞이하면서도 금비라 반기지만
그인 금값 대접 받고 있다는 사실조차 전혀 모른다
만민이 학수고대하던 차에 인기가 치솟지만
머물 뚱 말 뚱 갈까 말까 똥 폼만 잡는다
싱숭생숭 밤을 새우던 그이
언제 온다는 기약도 없이 새벽녘에 슬며시 떠났다
춘천에서도 보령에서도 애타게 기다린다는데
언제쯤에나 다시 돌아올는지
불공이든 기도이든 간절한 마음 전할 방법 없을까
전전긍긍 속만 태운다

다음 행차엔 기다리던 마음 모아서
금의환향 잔치라도 열어줘야 할까 보다

구름 띠 머플러 외 2편

김 태 호

밤을 지운 새벽
울산바위는 거품구름 빗질하고 무지개 분을 바른다
가슴은 불두화 감싸고 오지랍 숲은 깊다
안개 자락 나직이 오솔길 깔리면
눈 비빈 그녀는 고갯길 홀로 오른다
만년만큼 되짚은 삶이 한번쯤 스친
낯익은 낯선 얼굴이다
그녀는 주목 둘레 천년 이끼 감고 돌아가는 나와 마주친다
등짐 바랑에 매달린 머플러는 선녀의 날개 같다
선녀탕에서 막 나온 선녀가 아닐지 모르겠다
물기 촉촉한 머리자락에선 숲 냄새가 살랑인다
잎주름 목도리가 손목을 감는다
나는 그녀가 이끄는 대로 달려가다 구름 마루고개에서
돌부리에 차여 무릎이 까지고 종지뼈가 저리다

이 세상 연이 아닌 그녀의 손을 뿌리친다
숨이 턱 받히도록 발 구르지만 무심한 그녀는
뒤 한 번 돌아보지 않고 산봉우리 넘는다
불두화가 아지랑이 타는 날
어느 중천 모퉁이에서 만나지나 기다려 본다

그녀의 그림자가 지워질 때까지 서서 배웅한다
다람쥐 한 쌍 마주서서 얼굴 비벼 눈곱을 닦는다
나도 이슬 한 알 손 묻혀 새벽을 씻는다

개봉 불능 편지

백년 뒤 나에게 편지를 쓴다 백운대 밑 구름에다 독백을 쓴다 내용은 흔들리는 촛불 밑에서 통속적으로 쓰고 있지만 봉함만은 최첨단 의료기를 다루는 심장외과 전문의의 손끝에서 마무리 했다 이것은 정말 믿어도 된다 이 편지 말미 까지 읽으면 안다 그러나 너에게 부치지는 못 하겠다 내가 쓴 편지를 너에게 띄우면 반송하거나 쓰레기통에 구겨 넣거나 불태울 테다 지레짐작 단념하는 내 마음은 우유부단 망설임이다 겁쟁이의 양심적 본심이다 네가 만약 불태울 용기가 없다면 네 가슴 한켠에 유방암 초기 증상이거나 말기 같은 멍울이 잡힌다는 징후겠지 그것은 유전적 고민이다 너를 위해 날밤을 하얗게 지우는 새벽달은 배부터 파먹는지 등부터 기우는지 새벽길 홀로 걸으면서 걸어둔 그 자리에 눈도장 찍었는데 내일도 그대로 서 있을지 네 마음은 모르겠다 그것은 본 태생의 두려움이다 뒤돌아보면서 미련을 못 버리는 미련한 미래는 집착성 문어다리의 흡반이다 여태껏 퍼먹은 쌀가마가 몇 섬인지 계량하지 못한 것은 유구한 낭비벽이다 보드라운 유사의 개미귀신 목구멍이거나 갱도 깊은 굴속에서 심심하면 도화선에 딱성냥 그어대는 조막손은 개구쟁이의 폭력이다 일부변경선과 적도가 교차하는 모호한 접선지점에 바지랑대를 꼽고 표류하다 좌초한 내 편지를 말린다 제발 빌어먹을 X점 한복판에 집중포화는 퍼붓지 말기를 그것은 말기 환자가 믿을 수 없는 믿음에게 마지막 부탁하는 부질없는 소망이다 백 년 전의 나와 백년 뒤의 너는 또 어느 애매한 행성의 귀퉁이에서 뒤집힌 좌표의 교차점에서 얼굴 맞대고 고전적 편린을 투영할 것이다 이것은 실제 상황이다 남산 느티나무 뿌리에 얽어맨 타임머신이거나 한옥마을 돌담 밑에 가두어둔 시간의 돌무덤은 아니다 바람의 부피와 밀도는 공간을 배회하고 허전한 허허벌판 모래알마다 깨알 같은 폭약이 발광하는 발정의 정점은 촉발성 진통제를 남용하는 불꽃놀이의 환각이다 환각을 지우며 나는 이 편지를 철인으로 봉인한다

씨눈 품다

엊저녁 서창이 된서리 맞더니
뜰 앞 은행잎이 우수수 깔린 것이다

허공을 매달고 푸른 꿈 누비던 잎들은
제 몫을 다 하고 언 땅을 부둥켜안았을 것이다

여름내 붉게 태운 열기가 눈서리 덮어쓰고
흙으로 돌아가 밑거름 될 것이다

생잎보다 가랑잎이 두터운 뜻은 뜨겁게 불사른
몸마저 재가 되어 다시 피려는 바람일 것이다

오는 봄은 실뿌리가 발돋움할 것이다
가지마다 부푼 씨눈을 틔우고 있을 것이다

4부.
울타리 문법

깨져버린 운석 외 2편

노 지 윤

45년 전 맑은 이슬이 소용돌이치는 샘물에서
운석에 광원의 빛이 생명을 불어 넣고 있었다.
12주 만에 생명줄이 끊겨버린 운석은 붉은 돌 조각으로 빛을 잃었다
새들의 둥지와 같은 이 작은 지구는
삶과 죽음이 공존하는 생명체의 안식처였다
지리학 박사는 운석 받침대가 2시간 못 버티고 지반이 무너진다며
유능한 박사를 찾으라, 안면박대로 등을 돌린다.
내가 부축을 받으며 밖으로 나왔을 때
꺾인 갈대는 노을 끝에 꿈결같이 걸려있었다
허술한 몸뚱이 앞 세워 뜀박질하며 외줄타기 세월 속에서도
촘촘한 뭇별 속에 그믐 달빛도 나를 품어주었다
덤풀 속 저수지에 넘치는 물방울에 튀어 오른 가물치 두 마리
붕어 한 마리 관리하기 바빠 어깨 한번 쭉 못 펴고
사랑이 농익는 꿀맛 같은 순간도 어물 쩡하며 세월이 비껴갔다
어둠이 누운 단칸방에 성스럽기도 하고 추하기도 한
이슬방울을 갈구하며 엄습해오는 욕구가 꿈틀거리던 시간을 지운다
가시 돋친 바람결에 젊음을 혹사시킨 그림자가
어깨 너머로 나를 보듬는다

모진풍파 속에서 발아시킨 떡잎을 맛깔스럽게 숙성시켜
삼형제를 꽃송이로 피워냈다
다 떠난 빈 둥지에 향기 시든 꽃잎은 소낙비에 쓸려버린 된비알밭
봄동은 누렇게 시들고 바람 없는 날갯짓에 눈꺼풀만 내려앉는다

음마, 귓구녕이 절벽인갑소

할머니는 보리고개 길목에서 허기에 자갈만 주워먹고 귓구녕이 칵 맥혀버렸다
나불대는 주댕이를 보고 팔십 프로 답변을 건성으로 한다
영감탱이 품을 때도 꾸지뽕 가시로 옆구리 쿡쿡 찌르는 사랑이다
으메으메 영감도 좀시롱 뿌담시 안 그런 척 고롭콤 우멍 떨면서
새끼덜을 오물오물 싸질렀단가 잉
할머니와 화투 놀이 고스톱을 치면 못 알아듣고

할머니 고도리야, 무신 고양이가 알 났다꼬
오메 광박도 났단께, 뭐여 광에 도둑 들어 왔어
에이 할머니허구 깝깝히서 화투 못 쳐, 염병허구 잡아졌네
개지 날 말구서 어서 싸개싸개 짝이나 맞추어, 호랭가 칵 씹으로 오기전에
진짜 할머니 쪽 팔려서 안 헐래, 음마 좆이 빠졌어 썪을 넌 빠질 좆이나 달렸디야
알꼬 할머니 그만 하자고, 뒷집 불났다고 먼 불 났디야아
할머니 입에서 욕 불났지 욕불, 야야 어서 바가지로 물 퍼부어라

엉댕이 뿔난 송아지 타죽으면 어째야 쓴단가잉 종자 소 새낀디

이년아 십 원짜리 동전 내 던지고 쏜살같이 가보란께 그리어
타워는 하늘을 이고

남산타워는 하늘을 이고 나는 남산 타워를 이고 나들이를 한다
양손에 들고 나선 짐 보따리는
정숙히 입을 봉한 채 자박자박 따라 다닌다
고부갈등이 넘실대는 일기예보 예사롭지 못한 기운에
올챙이 국수발이 쏟아질까봐 낙엽 사이로 간간히 하늘을 올려본다
색색의 물감을 입에 물지 못한 초록 잎은 톱날 지느러미 세우고 퍼덕인다
가을바람 한 입 잘라 물고 오색빛깔 뱉어내는 단풍 밥을 먹고
낙엽은 나를 발라 먹는다
남산타워 옆에는 수 만 마리 애벌레들이 갯벌 따개비처럼 달라붙어
사랑의 수액을 핥는 소리에 수많은 발길이 멈춰선다
카메라 셔터 소리가 낙엽으로 뒹군다
한 계단 한 계단에 추억의 역사를 촘촘히 새기며
지나간 날을 끌어와 함께 버무려 감칠맛으로 입가심을 한다
오늘은 문우님들 고운 얼굴을 계단 계단에
살가운 미소로 새겨넣는다

늦게 찾아온 사랑 외 2편

박 현 웅

중년의 사랑
에로스적 설레임은 없지만 스토르게적 사랑은 할 수 있다
오월 끝에 찾아간 강원도 홍천 노일강변
초록의 물길이 소리 없이 흐르는 것을 바라보며
그녀와 드라이브를 즐겼다
오십대의 삶이 곤궁할 때 달빛 부서지는 강둑에서
그녀와 2년째 루두스적 사랑으로 무르익고 있었다
그리고 그녀의 풍만한 젖가슴에서 불꽃같은
카타르시스를 느꼈다
오늘 밤 꿈속에서 그녀의 날렵한 허리선을 감싸
안으며 내일의 공연을 준비한다
그녀와 첫 만남으로 가족들의 눈을 의식했지만
몰래한 사랑은 지금도 잊을 수가 없다
그녀의 유희적인 몸짓으로 영혼 불멸인 듯
마른 침샘만 자극한다
그녀의 섹시하고 보이시한 목소리는 솜사탕을 녹이는 듯한 천사의 나팔소리다
그녀와 동고동락은 사나이로써 삶과 동반자로
우리들의 눈과 귀를 화려하게 코디 해준다
그녀를 사랑한다는 것은 늙은 사내 문지방 넘어가 듯 열애를 한다

또 그녀와 낭만 데이트는 사춘기의 몽정,
오늘도 그녀와 사랑은 창공에 뜬 뭉게구름이다

색소폰, 그녀로 인해 나는 속바지를 흥건하게 적신다

꼭두각시 인형

어젯밤 백악산 소쩍새는 구슬피 울었다
청기와는 푸른 당집으로 바뀌었다
곤룡포의 꿈자리가 뒤숭숭하니
그녀는 머리에 쓴 면류관으로 가위가 눌렸다

사통팔달로 가는 길이 아니라 했다
그러나 무수리들의 입술로 그녀의 귓속은 시원타하니
3인방의 문고리는 달달하다
팔공산 수차에 앉아보니 눈앞이 캄캄,
변화무쌍한 노을빛이 천지에 드리워진다
그녀는 백성들의 함성과 촛불로 잠 못 이루는 밤이 되었다

백성들의 한풀이 춤사위가 애닯다
미래의 꽃봉오리들 비단옷 입고 안개 속 같은 밤길 걷기다
대양에서 함선들도 토네이도에 휩쓸리고 폭풍우에
유린당한 백성들 곡소리가 천지에 요동친다

방방곡곡 울려 퍼지는 시국선언문, 독립선언문인 듯
읽히니 지하의 조상들 어찌할까 안절부절
꺼지지 않은 촛불 앞에서 얄팍한 권모술수,

손바닥으로 태양을 가릴 수는 없는 일이다

카멜레온처럼 변화를 꾀 하지만 유전자의 변형은 없다
백만 송이의 촛불, 오천만의 횃불은 꺼지지 않을 것이다
주모자들은 역사의 뒤안길에서 분골쇄신,
자숙으로 사죄의 길뿐이다

가면, 가면으로 말하다

그녀는 가면을 쓰고 가면무도장에 갔다
누구나 그녀의 가면 속 민낯은 알 수는 없다
그러나 그녀의 가면은 내면의 포장일 수 있다
그녀는 가면 속에서 어두운 마음을 숨길 수 있다는
생각을 한다
그녀가 가지고온 선물의 포장도 가면의 가면으로
치장되었다
그녀의 마음의 가면은 모로 가도 서울만 가면
된다는 가면의 잣대다
그녀는 공원의 벤치 앉아 음정박자 무시한 가면 속 음악대장으로 자신감은 얻는다
그녀는 고향이 그리울 때 가면된다는 가면으로 생각한다
그녀의 꿈도 꿈을 찾아 가면된다는 꿈을 꾼다
감추고 싶은 과거는 가면 속 명령과 관계없이
가면으로 말할 수 있다
나는 가면을 쓰지 않아도 불편한 진실은 진실로
말할 수 있다
이젠 가면의 가면을 벗고 진실의 종을 울려보자

가면 안 돼 가면 안 돼
산타할아버지는 가면 쓰고 밖으로 나가면
그 아이에게는 선물을 주지 않는다

울타리콩 외 2편

이 종 순

명주실처럼 고운 손으로
보라색 도라지꽃과 쑥갓을 껴안아 가만가만 바닥에 뉘이고
남의 둥지에 알을 낳는 뻐꾸기처럼 그 위에 작은 꽃을 피워올렸다
몽실몽실 열매도 맺었다

세상을 서리서리 감아올린 순들을 거칠게 걷어낸다
저항도 못한 채 바닥에 누워버린
도라지꽃과 쑥갓을 한 가닥 한 가닥 세우다보니
"맛있는 콩이니 울타리로 올려주세요"
그제야 옛 주인이 귀띔하던 말이 생각났다
얼굴이 달아올랐다, 언덕이 필요했을 뿐인데

엉켜진 덩굴 속에 익지 않은 작은 열매와 꽃이
두엄더미 위에 시들어가고 있었다

사소한 싸움으로 밖으로 나갔던 남편이 들어온다
먼저 다가가지 못해 미안한 듯한 빈 울타리
뻴쭘하니 말이 없다

밤을 줍다

산에서 그를 만나면 오랜만에 만나는 친구 같다
기름을 바른 듯 반짝반짝 윤기 나는 그는
꿈에 만나도 태몽이라고 모두 좋아한다
가을이 오면 봄부터 지켜왔던 가시대문 열고
아낌없이 자연을 향해 쏟아놓는다
여름내 자라 접근 할 수 없는 풀숲을
헤치고 숨바꼭질 시작된다
가시덤불 밑에 꼭꼭 숨어 미소 짓는
그를 찾아내는 술래는 밤새 다람쥐 청설모
다녀가고 새벽마다 노란바구니를 든 여인
오늘은 내 집 대문 안에 슬며시 밀어 넣고 사라졌다
지나는 등산객들 기웃기웃 황금처럼 바라본다
떫은맛으로도 다가오지만 그의 속내를 안다
무서운 시어머니 처음으로 던져주는 달콤한 맛

봄을 그리는 방법

때 묻고 찌들은 언어들을 털고 닦아
신록을 노래한다
그러나 연록색의 잎은 피어나지 않는다

차가운 바람을 덥혀낼 따스한 햇살을 그리고 싶어
밝은 색 고운 색으로 덧칠을 해댄다
그러나 봄빛은 그려지지 않는다

더디고 허전한 내 빈 봄의 액자에
손녀딸의 예쁜 미소를 그려 넣는다
어느새 화폭에는 연록색 봄이 완성되었다

나는 해바리기 외 2편

이 형 근

나는 당신한테 무엇인가요
멀리 떨어져 있어도 당신이 보고파
문득 찾아오는 바람이었습니다
만난 시간보다 그리는 시간이 더 많아
가슴에 눈물을 가득 담은 구름이었습니다
하루에도 수없이 보고픈 마음
절대로 그리 되리라 여겨본 적 없는데
당신과 같이 보내고자 애타는 마음
절대로 보여 지리라 생각한 적 없는데
심장이 두근대는 것
눈가가 뿌예지는 것
다리가 흔들리는 것
겹쳐지는 그림자를 쫓는 달빛이기에
길어지는 아쉬움의 실타래
아낌없이 사랑하다가 속절없이 그리워하다가
당신이 오실 때까지 기다리는 나는
당신의 해바라기입니다

홈리스의 홈

아무데도 아닌 곳에서 아무데도 아닌 곳으로 한 바퀴 헹궈낸 침묵의 언어로 귀청을 감는 소리,

먼 바깥이 모퉁이를 돌아 천천히 기어 오면 꿈 속인지 잠 결인지 토막난 기억이 어슷하게 눕는다

사랑과 아쉬움과 그리움이 섞인 누군가가 걸어와 어깨 한쪽에 기대면 누굴까

잊어버린 이름을 물끄러미 바라본다 혹 당신이 온지도 모르잖아

문득, 기러기 떼가 날아드는 저 하늘에는 집이 있을까 낙엽 뒹구는 공원 벤치는 집일까 침대일까

아침이면 햇빛에 증발하는 홈리스는 꿈 결에 집을 짓고 또 잠이 든다

보고 싶어 울고 잊고 싶어 울고

기다림이 없는 일상에 지쳐서 울어도 숨바꼭질하듯 서로를 모른척한다

버려진 우산으로 비를 가리고
쓰레기 통으로 벽을 만들고
골판지를 둘러 바람을 막고서

낮은 지붕 위로 세상이 기울었다고 손을 휘젓지

울어라 보고 싶으면 실컷 울어라
죽고 싶어도 죽을 수 없는 삶 어찌할까

역사상 거지가 가장 오래된 직업이라고
노숙도 주거의 하나 일뿐이라고 신문지 장판 위로 다리를 뻗는다

나이테

금강송 밑동이 잘려나간다

하얀 속살을 드러낸
그는 뼈아픈 세상에 눈을 감는다

그를 안다는 건 그를 묻어버리는 것
그는 그 많은 날들을 기다리다가 그리워하다가
빨간 눈물을 그윽이 가슴에 담아
마침내 사랑하다가
씨줄과 날줄로 엮인 누군가처럼
한 땀 한 땀 올을 세 듯
계절 마다 진한 생명선을 그린다
상처일지도 아픔일지도 그리고 경계일지도 모를
세월을 그린다

한참을 들여다보면 끝없이 방황하던 하늘이 스러지고
블랙홀 심연에 꽂인 동공은 그의 심장 안으로 빨려 들어간다
꽃잎이 떨어지고 낙엽이 흩날리고
그의 넋은 어둠에 실려 가듯 세월의 아픔만큼 돋아나
고스란히 몸에 박아 옹이로 기억할 뿐

흐릿한 자국만 간극으로 남아 갉아먹힌 흔적을 베어낼 수 없었다
하여 그를 따라 걸어 들어가면
첩첩히 둘러싸인 숲속 계곡이 나오고
날망이 보이고 힘들게 올라선 봉우리에
발자욱 하나만 얹혀놓았다

제재소 한 귀퉁이에 쌓아놓은 통나무가 켜나간다
오밀조밀한 등고선이 무너지고
그가 사라진다 재가 되어 날려간다

엄마의 가슴보따리 외 2편

한 지 영

친정에 갔네
보따리 보따리
육남매를 가슴에 꽁꽁 묶어 놓으신 우리 엄마
가슴보따리에는 늘 그리움과 아쉬움이 차있네
구십 해를 넘긴 우리 엄마 풀어헤친 보따리에
무슨 사연 그리 많으신지 그릇 그릇 차고 넘치시네
다 듣고 다 받아들이지 못해 가슴에 슬픈 그림자 드리우네
돌아갈 시간이 되면 순식간에 붉게 물드는 엄마의 두 눈
잔잔하게 경련이 이는 입술이 굳게 닫히실 때
봇물처럼 쏟아지는 눈물 사이로
또다시 가슴보따리를 꽁꽁 묶으시는 우리 엄마

바리바리 싸주신 푸성귀에서
진한 엄마의 향기가 피어나네

에이, 그놈들

그놈이
이글거리며 호기를 부리던 그놈이
과시욕에 불타며 맘껏 세상을 부채질하던 그놈이
가족도 외면한 채 욕심을 부리던 그놈이
유난히도 울 엄마를 괴롭히던 그놈이
여름이란 그놈이,
무릎 꿇고 애걸복걸이다

그놈이
기다림을 무시한 성질 급한 그놈이
남의 식탁을 탐하며 찬기로 버무리는 그놈이
안방으로 들어와 옷장을 어지럽히며 당당하던 그놈이
나무들을 알몸으로 세우던
겨울이란 그놈이
세월에 항복한 채 녹아내린다

에이, 못된 놈들

울타리 문법

우리 집 뜰에는 여러 식구들이 사이좋게 살아가고 있다
그런데 오늘따라 녀석들이 힘이 없다
착한 마음씨에 얼굴도 예쁜 형용사 녀석의 맥을 짚어보니
접두사와 언제 결별했는지 하얀 눈동자가 뇌사 일보 직전이다
앰뷸런스에 태워 보내며 머리 쪽 상태를 조사에게 확인하라 이르고
신음하는 또 다른 녀석들을 살피며 접미사를 데려다 꼬리 쪽에
영영 제를 넣어주며 응급처치를 했다
철없이 뛰놀던 동사 녀석의 몸놀림도 시원찮아
물줄기를 뿜어 줬더니 친구들과 잘도 논다
얼마 전에 밖에서 들어온 어미 녀석은
환경에 적응을 못하고 입은 옷을 훌렁 벗어버리고
병석에 누운 지 오래다
손을 내미는 접속사를 외면한 채
같이 지내던 어간을 데려오라며 막무가내로 때를 쓰더니
급기야 앙상한 뼈를 드러내며 사경을 헤맨다
그에게 도움을 줬던 파생어도 조상 어근도 소용이 없어졌다
그를 보낼 꽃상여를 준비하는
품사들이 집합명제로 모두 모여든다
스산한 바람이 휑하니 스친다

오늘은 국화꽃의 재롱에도
부겐베리아의 분홍 애교가 흥이 나지 않는다

등산교육헌장 외 2편

신 명 수

산으로 가자 새벽어둠을 품에 안고 매일 세상을 오르는 산의 부지런함을 배우자 정기와 숲의 정령들이 모여 부지런히 계곡을 내려오는 땅의 성실함을 따르자 바람 따라 정처 없이 흘러가는 구름을 쳐다보며 구름처럼 평화로운 영혼이 되자 어디서 왔다가 어디로 가는지 모를 변화무쌍한 바람을 따라 깨달음의 꽃을 피우는 순풍이 되자

화려한 옷보다는 실용적인 옷을 입으며, 정갈한 옷으로 갈아입은 푸른 숲처럼 향기 나는 사람이 되자 위태롭게 말없이 자리를 지키는 바위를 우러러 바위의 우직함을 본받자 그 척박한 바위틈에 자리 잡은 기품 있는 소나무처럼 품위 있는 자태를 닮아가자 양지바른 곳에 올망졸망 피어있는 양지꽃처럼 어울리며 살아보자 비탈진 바위산 언덕에 피어있는 구절초 군락처럼 청초한 삶을 살자

참나무 숲의 어둡고 습한 그늘에서 화려한 자태를 뽐내는 망태버섯이라도 함부로 보지 말고 우리도 그들처럼 당당한 생명이 되자 울긋불긋 채색된 낙엽더미 위를 부지런히 오가는 귀여운 다람쥐처럼 사랑스러운 존재가 되자 이른 아침 계곡에서 오붓하게 사랑을 나누는 청둥오리 한 쌍처럼 정다운 사랑을 하자 촉촉한 고목나무 위를 달려가는 민달팽이의 여유로움을 배우자

오는 사람 막지 않고 가는 사람 잡지 않으며, 외로운 자 친구가 되고 교만한 자 꾸짖어주며, 진실로 산을 사랑하는 자에게 건강을 선물하는 산으로 가자

부끄러움에 대한 소고

나는 에덴동산에서 사과와 함께 태어났습니다

나는 욕망의 숲에서 자라 순수의 꽃으로 피어나는 동화의 주인공입니다

나의 유전자는 본래 사랑이었으나 다양한 변이가 이루어진 천의 얼굴입니다

나는 두근두근 거리며 다가오지만 착함의 전조증상이기도 합니다

나의 양면성으로 많은 이들이 혼동의 바다로 흘러갑니다

나를 가까이함은 좋으나 지나치면 오해의 씨앗이 되기도 합니다

나는 그런 면에서 절친 '수줍음'이 제일 부럽습니다

나와 같은 존재의 대상이 되지 않기 위해 사람들은 모순이라는 나무를 가슴에 심습니다

나는 무의식의 내면에 차오르는 원죄의 수증기를 내뿜는 깊은 심연에 사는 고래입니다

나는 사랑에서 시작되었고 미움은 나를 등진지 오래되었습니다

나는 가슴을 가리는 사람보다 눈을 가리는 사람을 좋아합니다

나를 잊고 사는 이들이 많아진다는 서글픈 이야기가 들려옵니다

나를 시샘하는 어둠 저편에서 뻔뻔한 자들이 뿜어내는 눈초리는 정말 무섭습니다

나의 출현과 함께 깨달음은 결실을 맺고 인간성 상실은 나의 소멸과 함께 시작됩니다

나는 믿습니다 그래도 나의 존재는 곧 모두의 희망이라는 것을

혜원을 꿈꾸다

초헌관 앞으로 나오십시오
초헌관은 분향, 강신 의례를 올려주시기 바랍니다
헌관과 참사자 모두 참신 재배하여 주시기 바랍니다
초헌관은 헌작하여 주시기 바랍니다
참관인은 모두 부복하여 주십시오
재롱을 떠는 십이世 손자를 물끄러미 바라다보는 신숙주의 얼굴이 아른거린다.

아헌관은 헌작하시기 바랍니다
아헌관은 재배 후 퇴주하여 주시기 바랍니다
모든 참관인은 부복하세요
22世 백파 신헌구가 부채를 들고 시조를 읊조리신다

종헌관은 헌작하여 주세요
종헌관은 재배 후 제 자라로 돌아가 주세요
참사 자 모두 부복하여 주세요
19世 혜원 신윤복이 화첩을 들고 노래한다
제발 절 내버려 두세요
27世 내가 원했던 그가 거부하던 세상은 여전히 존재하지만

새로운 과거가 내일로 연결되는 그 순간 미인도의 그녀가 미소 짓는다

아름다운 세상을 꿈꾸었던 그들이 내게 다가와 속삭인다
칠흑 같은 어둠을 뚫고 내일로 가는 것은 오늘을 사는 스스로의 용기일 뿐
감추어진 진실의 무게를 저울질하는 것은 아니라고

똬리 외 2편

이 명 희

엄마는 거친 짚이 탱탱 감긴 네가
집안 식구들 먹여 살리는 데 공이 컸다고 했지
새벽에 맷돌질해 만든 두부 시장에 이고 갈 때
무게 받쳐주어 팍팍한 길 걸어갈 수 있었다지
두부 팔린 함지에 식구들 식량 떠받들고
해 저문 산등성이 신나게 넘어 왔다지
너는 몸을 웅크려 엄마 머리 위 무거운 삶을
받아 내며 6.25전쟁 때 피난보따리 옮겨주었고
보릿고개도 함께 넘기며 용기를 줬다지

그런데 시대가 바뀌며 넌 변심을 했는지
뱀처럼 몸을 틀고 엿보다가
기분 나쁘고 미운 감정 생길 때 슬쩍 들어와
독을 품고 누군가 찌르고 상처 주라고 부추기지
늙어 거동이 불편해 우리 집에 살러 온 시어머니,
억지소리 하며 큰소리치던 모습 들춰내며
쏘아대고 한바탕 난동 부리라며 용을 틀지
몸 한복판에 우물을 파 엄마 마음 씻어주고
힘든 짐 가볍게 해주었던 너
나한테 앉아 똘똘 감고 있는 앙심 풀어버리겠지

인정을 들어 올린 너, 앙갚음을 쌓고 있는 너,
정말 이중인격자가 되고 싶진 않겠지?

자동차 바퀴

신나게 굴러 간다
목적지를 향해 돈다 돈다돈다
낙원의 동산이든 거친 난장판이든
눈 한 번 흘기지 않고 달릴 뿐이다
나비의 고운 날갯짓을 향해
높고 찬란한 불빛을 향해
앞으로 나가기만 하는 바퀴는 둥근 발에 세상을 휘감고
이 순간만은 성실한 세상 주인이 된다

우리도 얽히지 않고 굴러갈 수 있다면
군더더기 오물은 붙지 않겠지
단맛과 쓴맛도 맛보겠지만
헛된 욕망에 묶여 자신을 속이지 않겠지
신나게 도는 인생의 바퀴 있다면
웃음 활한 세상 만들 수 있겠지
신 나게 도는 바퀴 발에
세상이 걸려 헉헉거린다

내리막길

언덕길에, 작고 마른 할아버지
키보다 높게 쌓아 올린
폐품박스 손수레를 몸으로 받치고 있다
거드름을 피우며 무겁게 누르는 짐수레를
다리에 힘을 주어 버티고 버티면서
조심조심 언덕을 내려간다

곤두박질쳐서 폐품박스 흩어지지 않게
어르며 언덕을 내려가는 짐수레
세상도 그렇게 달래가며 사는 것
올라가는 것 보다 내려오는 것이
더 힘들다는 듯
짐수레는 마른땀 흘리고 있다

노을 외 2편

김 경 희

발갛게 물든 그녀의 얼굴
주름진 입가에 미소가 흐른다
지나간 세월이 시위에 쏘아올린 살같이
내려꽂힌 자리 여기
외로움과는 소중한 벗이 되었다
그녀에게 살뜰한 정은 구름 속에 숨은 먹장 소낙비
휘몰아치는 바람결에 물같이 흘러 모두 제자리 찾아가고
그녀에게 남은 건 영원한 혼자였다
혼자가 익숙한 그녀는 반문한다

인생이 외로운가요
살아있는 것은 모두가 외로운 존재 아닌가요
산다는 건 가장 큰 선을 향하여 끝까지 가보는 여정 아닐까요
아직도 봄이 되면 꽃향기 탐하고
여름 가을 겨울의 정서 스며들어 뛰노는 숨결 간직한 그녀
그래도 추운 겨울 김이 모락모락 피어오르는
따뜻한 찻잔 부여잡고 향기 맡으며
사색할 수 있는 시간이 남아있어 미소짓지요
인생은 그가 살아가는 정답은 알 수 없는
영원한 선을 향한 피안이지요

동행

- 노천명의 「이름 없는 여인이 되어」를 패러디하다

앞서가는 그대여
한 발 늦추어 가소

나랑 같이 가면 지나온 삶의 그림자를
내 재미있는 입담으로 들려 드리고 싶네

때로는 바람 소리 새소리 들으며
자연에 귀 기울이기도 하고

마음에 따뜻한 온기가 일어
그 따스함 내 맘에 전해진다면

내사 이 길을 밤새워 걸어도
소녀같이 즐겁고 행복하겠소

그대여 한 손만 내어 준다면
손 꼭 잡고 끝없이 이 길을 걷고만 싶소

간이역에서

기적소리를 깃발로 달은 능내역에 내렸습니다
수학여행 떠나던 소녀는 돌아오지 않고
빈 의자만 여전히 소녀를 기다리고 있었습니다
여전히 잠자리는 비행을 하고 있는데
차창에다 손을 흔들던 소녀는 중년이 되었습니다
우리 인생은 간이역에서 만나서
간이역에서 헤어집니다
아직도 수없이 많은 간이역을 거쳐야지만
그 무엇이라도 안고 붙들고 내려야 할 텐데
토종닭을 팔러 가던 할머니 대신
바리바리 싸가지고 딸네 집에 가던 친정엄마 대신
수십 년 째 울타리 가에 서있습니다

나무 등걸을 바라보며 외 2편

배 성 민

긴 세월을 지켜온 숲속
나무 등걸이 비바람에 쓰러져 있다
온몸을 떨며 흐느끼고 있다
불어오는 세찬 바람도 밀쳐내고 햇살도 걷어내고
곡소리 애써 감추고 하루하루 견디고 있다
여물지도 않은 날들을 비워내며 꿈을 꾸듯이 눈을 감고 있을 뿐이다
웃으며 울며 지내온 시간 속에도
말이 없는 나이테의 느슨해진 촉감이 갈피갈피 배어있다
비탈진 세월의 양지에서도
그 세월의 언덕 후미진 음지에서도 피어나는
서로 다른 아름다움이 자란다는 걸
알게 되는 날들 속에서
숱한 날들을 다스리며
끊임없이 자기 자신을 비워 내고 있다
외로울 때 자신의 몸에 풀꽃을 피우내기도 하며
솔바람이라도 불어준다면 향기로 입덧한다

긴 세월을 지켜온 숲속은 죽어도 죽는 게 아니다
죽은 나무들이 아무 일 없는 듯이 되살아나
가슴에 젖을 물리고 풀꽃을 키운다

발동이 걸리다

문제는 어쩌면 내가 여자로 태어난 순간부터 시작 되었는지도 모른다

그때부터 나는 나 자신과 분리되었고,

나 자신이길 금지당했고, 내 자리에 서지 못했다

그러나 나는 존재해도 되는 사람이었다

생긴 모습 그대로 살아도 되는 사람이었다

내 재능과 소질과 존재감을 누릴 권리를 가진 사람이었다

선조들의 여성에 대한 교육관과 사회 관념은

내 틀을 깨는 것에 죄의식을 느끼게 했다

사랑하고, 즐기고, 누리고, 휴식하도록 허락하지 않았다

설명할 수 없지만 내 안에 존재하던 상처는

마음속 깊이 자리를 잡고 그곳에 머물게 했다

지금까지 나는 그 트라우마를 이해하고 풀어내려고 애쓰면서 살아왔다

여러 해가 지나는 동안 내 세포들은 아주 구체적으로 내 부름에 응답해주었다

나 자신과 교감하는 느낌을 뱃속 깊은 곳에서부터

서서히 몸 전체로 퍼져가기 시작했다

직장에서는 나 자신에게 지닌 능력을 누리도록 허락했다

나는 마음속 깊이 자리를 잡고 그곳에서부터 즐거움을 끌어냈다

그러자 세상에 존재하는 느낌이 기쁨으로 다가왔다
나는 무한한 기쁨과 성취감을 맛보았다
내게 발동이 걸린 것이다

영화 관람

창밖에는 소리 없이 비가 내린다
주방으로 난 작은 유리창으로 보이는 풍경이다
비에 젖은 가을풍경은 수채화를 그린 것처럼 빗물이 맺혀 아련하다
벽에 훌륭한 서양화 한 점 걸어둔 것보다 낫다
매일 다른 풍경화를 보여주며 이야기를 들려준다
창문 너머에는 꼿꼿한 소나무 한 그루 말없이 서 있다
소나무 곁에는 가늘고 작은 활엽수 한 그루가 서 있다
함께 놀고 싶은 활엽수는 얼른 달려가 간지럼을 태운다
그는 뾰족뾰쪽한 잎을 가지고 곁을 내주지 않는다
거센 바람이 불면 활엽수는 소나무에게 기댄다
힘겨워 안기려 몸부림칠 때 소나무는 손으로 찌르고 밀치며 화를 낸다
땅으로 내동댕이쳐져 허리가 휘청거리고 잎사귀가 찢겨 눈물 쏟는다
미안하다는 말도 용서해달라는 말도 하고 싶지 않는가
곁에 서 있는 활엽수를 사랑하지 않는가 보다
그게 진심인가 보다
하루에도 몇 번씩 창밖을 보는 습관이 생긴다
누굴 기다리는 것도 아니다

애타게 그리운 사람이 있어 그런 것도 아니다
작은 창문이 말을 걸어줄 뿐이다
자연의 변화하는 모습들이 나를 창가로 이끈다
볼 때마다 새로운 모습을 보여준다
첫눈 오는 날은 러브스토리의 영화장면처럼 로맨틱한 분위기도 만들어준다
작년에 떨어져 묻혀있는 씨앗들 이야기도 들려준다
새로 이사 오는 사람들도 소개해준다
간밤에 거리의 고양이가 새끼고양이를 낳았다는 소식도 알려준다
너는 나에게 세상의 움직임을 알려주는 소식통이다

나는 날마다 작은 창으로 영화를 관람한다

이 도서의 국립중앙도서관 출판예정도서목록(CIP)은 서지정보유통지원시스템 홈페이지(http://seoji.nl.go.kr)와 국가자료공동목록시스템(http://www.nl.go.kr/kolisnet)에서 이용하실 수 있습니다.

(CIP제어번호 : CIP2017003624)

2016년 2학기

고려대학교 평생교육원 시창작과정 엔솔로지

갈고등어 기행

초판인쇄일 2017년 2월 10일
초판발행일 2017년 2월 15일

지은이 : 한성춘 외
발행인 : 김순진
편집장 : 전하라
디자인 : 김초롱
펴낸곳 : 문학공원
등 록 : 2004년 3월 9일 제6-706호
주 소 : 우편번호 03382 서울 은평구 통일로 633
녹번오피스텔 501호 스토리문학사
전 화 : 02-2234-1666
팩 스 : 02-2236-1666
홈페이지 : http://cafe.daum.net/yob51
이메일 : 4615562@hanmail.net

※ 책값은 뒤표지에 있습니다